SV

In der Debatte über den Aufstieg nationalistischer und illiberaler Parteien ist ein altes Gespenst wieder aufgetaucht – das Gespenst der liberalen Kosmopoliten: gut ausgebildete, international vernetzte Wissenschaftlerinnen, Journalisten oder Politikerinnen, die sich gegenseitig ihrer moralischen Überlegenheit versichern. Die Kluft zwischen Kosmopolitinnen und heimatverbundenen Kommunitaristen gilt als einer der zentralen Konflikte unserer Zeit.

Eine zutreffende Diagnose? Oder ist die Vorstellung von entwurzelten liberalen Eliten bloß ein Zerrbild? Der Psychoanalytiker und Publizist Carlo Strenger kennt diese Gruppe nur allzu gut: weil er selbst zu ihr gehört – und aus dem Alltag seiner therapeutischen Praxis. Anhand einschlägiger soziologischer Literatur verallgemeinert er seine Befunde. Ja, so die selbstkritische Einsicht, die liberalen Eliten sind oft zu arrogant. Und dennoch brauchen wir ihre Expertise. Strenger schließt mit einem doppelten Plädoyer: für mehr Bodenständigkeit unter den liberalen Kosmopolitinnen und eine liberalkosmopolitische Grundausbildung für alle.

Carlo Strenger, geboren 1958 in Basel, ist Professor der Psychologie an der Universität Tel Aviv. Er hat zahlreiche Bücher veröffentlicht und schreibt regelmäßig für Israels führende liberale Zeitung *Haaretz*. In der edition suhrkamp erschienen zuletzt seine Essays *Zivilisierte Verachtung. Eine Anleitung zur Verteidigung unserer Freiheit* (2015) und *Abenteuer Freiheit. Ein Wegweiser für unsichere Zeiten* (2017).

Carlo Strenger

# *Diese verdammten liberalen Eliten*

Wer sie sind und warum wir sie brauchen

Suhrkamp

Erste Auflage 2019
edition suhrkamp
Sonderdruck
Originalausgabe
© Suhrkamp Verlag Berlin 2019
Alle Rechte vorbehalten, insbesondere das der Übersetzung,
des öffentlichen Vortrags sowie der Übertragung
durch Rundfunk und Fernsehen, auch einzelner Teile.
Kein Teil des Werkes darf in irgendeiner Form
(durch Fotografie, Mikrofilm oder andere Verfahren)
ohne schriftliche Genehmigung des Verlages reproduziert
oder unter Verwendung elektronischer Systeme
verarbeitet, vervielfältigt oder verbreitet werden.
Satz: Satz-Offizin Hümmer GmbH, Waldbüttelbrunn
Druck: Druckhaus Nomos, Sinzheim
Umschlag gestaltet nach einem Konzept
von Willy Fleckhaus: Rolf Staudt
Printed in Germany
ISBN 978-3-518-07498-5

# Inhalt

Epilog
*Wir müssen uns die Hände schmutzig machen*

# Prolog

## *Die Krise der liberalen Ordnung und die neuen Kosmopoliten*

Während des Großteils des 20. Jahrhunderts gab es ziemlich eindeutige Paradigmen, anhand derer man die internationalen Beziehungen und die nationale Politik interpretieren konnte. Nach dem Ersten Weltkrieg beherrschte der Konflikt zwischen drei rivalisierenden Weltanschauungen – Liberalismus, Kommunismus und Faschismus – die Weltpolitik. Nach der Niederlage Deutschlands und Japans blieben während des Kalten Kriegs nur noch zwei Konkurrenten übrig: Liberalismus und Kommunismus. Als die Berliner Mauer gefallen und die Sowjetunion implodiert war, schien der Triumph des Liberalismus festzustehen – in einer berühmten Formulierung sprach Francis Fukuyama vom »Ende der Geschichte« (Fukuyama 1989, 1992). Der sprunghafte Anstieg der Anzahl der Demokratien von acht zu Beginn des Jahrhunderts auf zwei Drittel aller anerkannten Staaten an seinem Ende untermauerte diese These eindrücklich (Fukuyama 1992, Teil I). Nach dem 11. September 2001 rückte dann der Konflikt zwischen dem Westen und dem Islam ins Zentrum der Aufmerksamkeit. Im Rahmen des »Krieges gegen den Terror« erfolgten die Invasionen in Afghanistan und im Irak. Für etwa ein Jahrzehnt war es der von Samuel Huntington identifizierte »Kampf der Kulturen«, der es uns erlaubte, uns einen Reim auf die Welt zu machen (Huntington 1996).

In den letzten Jahren hat sich der Fokus erneut verschoben: Nun ist es der nationalistische Populismus, der die liberale Ordnung – und zwar von innen – bedroht.

Die Türkei ist nur noch dem Namen nach eine Demokratie und entwickelt sich zügig zu einer religiös verbrämten Autokratie. Putins Russland scheint nicht einmal mehr die Fassade einer liberalen Demokratie aufrechterhalten zu wollen. Innerhalb der Europäischen Union zeichnen sich ähnliche Entwicklungen ab. Ostmitteleuropäische Staaten wie Ungarn, Polen, die Slowakei und die Tschechische Republik bekennen sich stolz zu einem System, das Viktor Orbán als »illiberale Demokratie« bezeichnet hat. In Österreich und Italien sind rechtsradikale Parteien an der Regierung beteiligt. Deutschland, Frankreich und die Niederlande erleben einen dramatischen Aufstieg rechtspopulistischer Parteien wie der Alternative für Deutschland (AfD), Marine Le Pens Rassemblement National, Geert Wilders' Partei für die Freiheit und Thierry Baudets Forum für Demokratie. Die United Kingdom Independence Party (Ukip) mobilisierte erfolgreich für den Ausstieg Großbritanniens aus der EU. Und vielleicht am bedrohlichsten: In den Vereinigten Staaten, die sich ein Jahrhundert lang als Führungsmacht der »freien Welt« verstanden, wurde ein unberechenbarer Demagoge ins Präsidentenamt gewählt, der aus seiner Verachtung für Rechtsstaatlichkeit und Gewaltenteilung sowie die liberale Weltordnung keinen Hehl macht, im Gegenteil: Er protzt damit. Trump regiert via Twitter und hat das Weiße Haus in einen Zustand des totalen Chaos versetzt.

Wenn es überhaupt ein Paradigma gibt, mit dessen Hilfe man etwas Ordnung in dieses Durcheinander bringen kann, so ist es das eines Konflikts zwischen Liberalismus und Autoritarismus und, damit zusammenhängend, zwischen Universalismus und Nationalismus. Liberale sind der Ansicht, dass staatliche Herrschaft auf einem Vertrag gründet und dass Staatsbürgerschaft allein durch formale Kriterien bestimmt ist; Nationalisten wiederum wollen Staat und Zugehörigkeit auf eine gemeinsame (reale oder imaginierte) ethnische Herkunft zurückführen. Liberale glauben an eine internationale Ordnung, die auf multilateralen Verträgen und dem Völkerrecht basiert, das, insbesondere im Fall schwerer Menschenrechtsverletzungen, Vorrang hat gegenüber der nationalen Souveränität; Nationalisten wiederum halten dieses Verständnis des Völkerrechts für anmaßend und für eine Verletzung der Souveränität und des nationalen Selbstbestimmungsrechts. Liberale sehen in der EU das großartigste politische Experiment der letzten sieben Jahrzehnte; Nationalisten betrachten sie als expansives Projekt seelenloser Brüsseler Technokraten. Liberale sind überzeugt, dass Menschheitsherausforderungen wie Klimawandel und Migration nur durch globale Kooperation bewältigt werden können; Nationalisten halten all dies für Hirngespinste, die Liberale sich ausgedacht haben, um allen anderen ihre Ansichten aufzuzwingen.

Seit der illiberale Backlash Fahrt aufgenommen hat, haben Wissenschaftlerinnen und Kommentatoren sich in der Regel auf jene Gruppen konzentriert, die populistischen Demagogen ihre Stimmen geben. Die meisten Erklärungen stellen auf die Globalisierung ab, die ähnlich wie die industrielle Revolution zu dramatischen Veränderungen geführt hat – allerdings im Schnellvorlauf. Innerhalb weniger Jahrzehnte hat sich die Weltwirtschaft vollkommen verändert: Multinationale Konzerne verlagern die Produktion in Niedriglohnländer; in den alten westlichen Industrieländern verschwinden jene Jobs im verarbeitenden Gewerbe, die den Angehörigen der Arbeiterklasse einst ökonomische Sicherheit garantierten und das stolze Gefühl vermittelten, einen wertvollen Beitrag zum nationalen Wohlstand zu leisten. Viele von ihnen sind nun prekär in der Dienstleistungsbranche beschäftigt, während die oberen Klassen, denen sie zu Diensten sind, historisch beispiellose Vermögen angehäuft haben. Diese Tätigkeiten bieten ihnen (und ihren Kindern) keine sicheren Zukunftsaussichten mehr, von so etwas wie Produzentinnenstolz ganz zu schweigen.

Gleichzeitig haben viele Menschen den Eindruck, auch ihre kulturelle Identität sei bedroht: Angesichts zunehmender legaler wie illegaler Zuwanderung (in den USA meist aus Asien und Lateinamerika, in der EU aus Afrika sowie aus dem Nahen und Mittleren Osten) haben sie das Gefühl, am Ort ihrer Geburt nicht länger zu Hause zu sein; vielmehr sei ihr über die Jahrhunderte »organisch« gewachsener Lebensstil in Gefahr. Dies führt vermehrt zu Widerstand gegen Globalisierung sowie Migration und zu einer Betonung der ethnischen Wurzeln der Nation, oftmals mit implizit oder gar explizit rassistischen Beiklängen. Populistische Politiker sind sehr geschickt darin, entsprechende Ängste und Verunsicherungen zu instrumentalisieren; sie attackieren die »abgehobenen liberalen Eliten« dafür, die historische Einheit von Volk, Sprache und Staatsgebiet aufzulösen, die Nationen zusammenhält.

Doch wer sind eigentlich diese »abgehobenen liberalen Eliten«? Sie erhalten viel weniger Aufmerksamkeit als jene Bevölkerungsgruppen, die populistische Parteien unterstützen; in der öffentlichen Debatte herrscht bisweilen große Konfusion. Oft werden die »liberalen Kosmopoliten« umstandslos mit den Angehörigen jener kleinen Finanzelite in einen Topf geworfen, die einen wachsenden Anteil der weltweiten Vermögen auf sich vereint und einen disproportional großen Einfluss auf die Politik ausübt. Das gilt insbesondere für die USA, wo die Regeln für Wahlkampfspenden so verändert wurden, dass jene, die über ausreichende Mittel verfügen, Politikerinnen und Politiker praktisch nach Belieben manipulieren können.

Die vermeintlich »abgehobenen liberalen Eliten«, um die es in diesem Buch gehen soll, werden jedoch gerade nicht über ihren materiellen Wohlstand definiert, auch wenn es ihnen in der Regel finanziell durchaus gutgehen mag. Sie gehören meist zur (oberen) Mittelschicht, sind aber keineswegs reich. Sie haben so gut wie immer ein Hochschulstudium absolviert, sind in den Medien, der Kunstszene und der Wissenschaft überrepräsentiert und machen jene Gruppe der Meinungsführer aus, deren Ansichten aufgrund ihrer Ausbildung oder ihres Berufs besondere Autorität zukommt (vgl. Kapitel I.1 unten). Ihr Status beruht, mit Pierre Bourdieu (1982 [1979]) gesprochen, weit stärker auf ihrem kulturellen als auf ihrem sozialen und ökonomischen Kapital.

Empirische Studien, auf die ich im ersten Kapitel ausführlicher eingehen werde (Florida 2002, Goodhart 2017a), zeigen, dass die überwältigende Mehrheit der Angehörigen dieser Gruppe liberale und universalistische Ansichten vertritt; dass sie Bigotterie, Rassismus und Provinzialität verachten und versuchen, ihnen zu entkommen; dass sie sich eher um die Menschheit insgesamt sorgen als um ihre unmittelbaren Nachbarn oder ihre Landsleute. Und dass sie extrem mobil sind: Ihre Talente stehen überall auf dem Globus hoch im Kurs, es zieht sie in jene Länder und Städte, die zu ihrem verfeinerten Geschmack sowie zu ihrem liberalen Temperament passen. Die neuen liberalen Eliten sind wahrhaft davon überzeugt, dass sie ein tieferes und zutreffenderes Verständnis der Welt und ihrer Probleme haben als ihre weniger gebildeten Mitbürgerinnen und Mitbürger. Sie waren zutiefst verwirrt und schockiert, als sich herausstellte, dass »die Massen« ihre wohlmeinenden Handlungsempfehlungen zurückweisen und sie stattdessen für abgehobene Snobs halten, die auf alle herabblicken, die nicht zu ihrem Club gehören.

Natürlich schlägt ihnen auch Neid entgegen. Erstens weil es ihnen ökonomisch dann doch relativ gutgeht; in der Regel liegen sie mit ihren Einkommen im oberen Fünftel der Verteilung. Zweitens weil ihr sozialer Status (und ihre Selbstachtung) auf persönlichen Leistungen gründet, nicht auf ihrer nationalen oder ethnischen Identität, was jene, die ihren Selbstwert vor allem aus der Zugehörigkeit zu regionalen oder religiösen Kollektiven beziehen, als verletzend empfinden – deshalb halten Letztere die liberalen Kosmopolitinnen für »abgehoben« und unpatriotisch. Weil ihre Mobilität sie drittens relativ unabhängig vom Schicksal der Regionen oder Länder macht, in denen sie zu einem gegebenen Zeitpunkt leben. Und weil sie schließlich viertens eine Autorität ausstrahlen, die jenen Menschen, die nicht so gut ausgebildet sind und über weniger Wissen verfügen, das Gefühl gibt, ihre Ansichten seien schlicht nicht mehr relevant.

Genau das hat der populistische Nationalismus vielen Angehörigen sozioökonomisch schwächerer Schichten zurückgegeben: eine Stimme und ihren Stolz. Sie müssen sich nicht länger dem »überlegenen Wissen« der besser Gebildeten fügen. Dass populistische Politikerinnen wie Marine Le Pen, Nigel Farage, Boris Johnson oder Donald Trump, die ihren Sorgen, ihrem Zorn und ihren Ängsten Ausdruck verleihen, selbst zur ökonomischen und zur Bildungselite gehören, schert sie dabei nicht wirklich.

In diesem Buch möchte ich ein präziseres Porträt dieser neuen kosmopolitischen Liberalen zeichnen, als es in der entsprechenden Literatur derzeit üblich ist. Ich werde zu zeigen versuchen, dass es sich bei ihnen gerade nicht um einen Haufen selbstgerechter Snobs handelt und dass ihr Leben meist viel komplexer und schwieriger ist, als viele Stereotype implizieren: Ihre Identität, ihr Status und ihre Positionen in der Wissenschafts- oder in der Kunstwelt, in den Qualitätsmedien oder den Forschungs- und Entwicklungsabteilungen der großen Konzerne hängen von ihren persönlichen Leistungen ab, und gerade deshalb können sie sich ihrer nie wirklich sicher sein.

Da ist aber noch etwas anderes, das diese neuen Eliten auszeichnet: Sie sollen nicht nur hart arbeitende Nerds oder freudlose Anzugträger sein, wie sie in den fünfziger Jahren die großen, hierarchisch geführten Unternehmen prägten (Sloan Wilson zeichnet in seinem Roman *Der Mann im grauen Flanell* aus dem Jahr 1955 ein brillantes Porträt dieser Gruppe). Die liberalen Kosmopoliten von heute sollen vielmehr kreativ sein und einen individuellen Lebensstil pflegen. Zwar kennen sie dank der modernen Kommunikationstechnologien keinen Feierabend (Conley 2009), ihre Kinder (wenn sie welche haben) wollen sie aber dennoch so umsichtig erziehen, wie ihre Werte es verlangen. Sie machen sich viele Gedanken um das Wohlergehen ihres Nachwuchses, haben ein sehr gut ausgebildetes soziales Bewusstsein und stellen auch an sich selbst hohe moralische Ansprüche. Da sie nicht in einer lokalen Gemeinschaft verwurzelt sind, erfahren die neuen Kosmopolitinnen selten jene Sicherheit, die mit dieser Form der Zugehörigkeit häufig einhergeht. Außerdem haben auch sie selten das Gefühl, ihre oft beträchtlichen beruflichen Leistungen würden als wichtiger Beitrag wahrgenommen, aus dem sie so etwas wie Gelassenheit oder gar Stolz ziehen könnten.

Aus Gründen der Transparenz möchte ich Folgendes nicht verhehlen: Ich bin in dieser Geschichte nicht unparteiisch. Ich kenne die neuen Liberalen, ihre Leben, Hoffnungen, Unsicherheiten und Sorgen vor allem deshalb so gut, weil ich qua Beruf und Lebensstil selbst zu ihnen gehöre und weil ich mich sowohl in meinem professionellen als auch in meinem sozialen Leben inmitten dieser Gruppe bewege. Wie sie identifiziere ich mich mit universalistischen Werten. Der Aufstieg des Illiberalismus, Nationalismus und religiösen Fanatismus macht auch mir große Sorgen. Zugleich bin ich jedoch davon überzeugt, dass wir liberalen Kosmopoliten einige schwerwiegende Fehler gemacht haben, die zu dem illiberalen Backlash beitragen, den wir derzeit erleben – ein Punkt, auf den ich unten noch ausführlicher eingehen werde.

Dieses Buch versteht sich insofern nicht nur als intime Beschreibung der liberalen Eliten, sondern auch als eine Verteidigung ihrer von den Werten der Aufklärung geprägten Weltsicht (vgl. Strenger 2015, 2017). Anders als Richard Florida, der diese neue Klasse schon früh analysiert hat (mehr dazu in Kapitel I.1), möchte ich die neuen Kosmopoliten allerdings nicht idealisieren. Ja, ihre Sicht auf die Welt ist unerlässlich, wenn wir die Herausforderungen bewältigen wollen, vor denen die Menschheit steht. Ja, sie leisten enorm wichtige Beiträge zum wirtschaftlichen Wohlergehen und zum kulturellen Leben. Doch wir sind allzu oft zu arrogant gewesen, wo es darum geht, anderen unser Weltbild und unsere Werte zu vermitteln. An dieser Stelle ist ein persönliches Mea culpa angebracht, schließlich habe auch ich in meiner Rolle als öffentlicher Intellektueller solche Fehler gemacht. Wir alle haben Menschen, die unsere Ansichten nicht nachvollziehen können und/oder nicht teilen, von oben herab behandelt und sie als dumm, begrenzt oder provinziell abgestempelt. Es ist daher wenig überraschend, dass viele Angehörige der Unter- und unteren Mittelschicht, die nun von Populisten agitiert werden, etwas empfinden, das Sozialpsychologinnen als »upward contempt« (Miller 1995), als »nach oben gerichtete Verachtung« bezeichnet haben, ja, dass sie uns liberale Kosmopolitinnen geradezu hassen.

Im dritten Teil des Buches werde ich daher einerseits argumentieren, dass wir Liberalen unser Wertesystem, dem ich mich leidenschaftlich verbunden fühle, keinesfalls ändern oder gar aufgeben sollten. Andererseits werde ich aber auch ein paar Überlegungen zu der Frage anstellen, was wir falsch gemacht haben und wie wir unsere Standpunkte in Zukunft so formulieren können, dass andere soziale und politische Gruppen dadurch nicht vor den Kopf gestoßen oder verletzt werden, sondern erkennen, dass es uns aufrichtig um das Wohlergehen der Welt insgesamt zu tun ist und nicht allein um unsere eigenen Interessen.

Ich kenne die neuen liberalen Kosmopolitinnen allerdings noch aus einer ganz anderen Perspektive: Seit drei Jahrzehnten praktiziere ich als Psychoanalytiker, und in den letzten zwanzig Jahren haben sie die überwiegende Mehrheit meiner Patientinnen gestellt. Als neue Kommunikationskanäle wie Skype, Facetime oder Google Hangouts aufkamen, habe ich diese zunächst genutzt, um die Therapie nicht unterbrechen zu müssen, wenn israelische Patienten verreisten oder umzogen. Doch schon bald kontaktierten mich Menschen aus dem Ausland, vor allem aus Europa und den USA, die sich von mir via Skype behandeln lassen wollten – eine Form der Therapie, die mittlerweile für viele meiner Kolleginnen etwas ganz Alltägliches darstellt. Auf diesem Weg habe ich viel über die Gemeinsamkeiten gelernt, die meine englischen, US-amerikanischen, französischen, deutschen oder israelischen Patienten auszeichnen; diese Erkenntnisse führten wiederum zu einer Reihe von Publikationen (eine gute Zusammenfassung bietet Strenger 2016 [2011]), in denen ich mich mit den typischen psychologischen und existenziellen Schwierigkeiten, den Freuden, Ambitionen und Sorgen der neuen liberalen Kosmopolitinnen befasst habe.

Angereichert werden meine persönlichen Eindrücke im Folgenden mit Überlegungen sowie empirischen Erkenntnissen aus den Wirtschaftswissenschaften, der Soziologie, Politikwissenschaft und der Kulturkritik. Wo ich die charakteristischen Psychodynamiken der neuen liberalen Kosmopoliten interpretiere, stütze ich mich immer wieder auf Einsichten der Existenziellen Psychologie, die in den letzten Jahrzehnten zu einer respektierten empirischen Disziplin geworden ist, insbesondere auf das Konzept der nur allzu menschlichen Angst vor der Bedeutungslosigkeit (Strenger 2016 [2011]). Nach allem, was wir aus anthropologischen Untersuchungen (Becker 1976 [1973], 1975; Atran 2002) und aktuellen experimentellen Studien wissen (Greenberg/Koole/Pyszczynski 2004), ist diese Angst, irgendwann spurlos von der Erdoberfläche zu verschwinden, tatsächlich eine Konstante der menschlichen Natur. Zudem gibt es viele überzeugende Indizien, dass ein Weg, mit dieser Furcht umzugehen, zu allen Zeiten und in allen uns bekannten Kulturen darin bestand, Teil einer Zivilisation, Nation oder Glaubensgemeinschaft zu sein, welche das Individuum mit großer Wahrscheinlichkeit überlebt (Becker 1976 [1973]). Wenn einzelne Menschen einen signifikanten Beitrag zu diesem größeren Ganzen leisten, haben sie das Gefühl, das zu erreichen, was der kanadische Sozialanthropologe Ernest Becker als »symbolische Unsterblichkeit« bezeichnet hat. Soweit wir wissen, gilt das für die Angehörigen afrikanischer Stämme genauso wie für die alten Griechen oder leidenschaftliche Anhänger bestimmter Fußballvereine in der Gegenwart. Die neuen liberalen Kosmopoliten unterscheiden sich von ihnen nun insofern, als sie die ganze Menschheit als ihre relevante Bezugsgruppe betrachten, was es umso schwieriger macht, das Gefühl zu haben, sie hätten etwas Bedeutendes erreicht – ein Thema, auf das ich in Teil I ausführlich zurückkommen werde. Ich hoffe, dass der interdisziplinäre Ansatz kosmopolitischen Liberalen helfen wird, sich selbst besser zu verstehen; und dass andere nach der Lektüre ein Verständnis dieser Gruppe haben, dass über die derzeit verbreiteten Stereotype hinausgeht.

Bevor ich mit meiner Analyse der neuen Kosmopolitinnen beginne, möchte ich zunächst klarstellen, was ich mit jenem Liberalismus meine, den ich in diesem Buch verteidigen möchte. Unglücklicherweise hat der Begriff seine Konturen und seine Eindeutigkeit verloren. In Europa wird er oft als Synonym für »Neoliberalismus« verwendet, also eine Weltsicht, laut der unregulierte Märkte der beste Weg sind, um moderne Gesellschaften zu steuern – eine Haltung, die ich ganz und gar nicht teile. In den USA bezeichnet »liberalism« eine Kombination aus sozialer Demokratie und maximaler Entfaltungsfreiheit in der Privatsphäre, insbesondere im Hinblick auf Fragen der Religion, der sexuellen Orientierung, des bevorzugten Familienmodells usw. – eine Haltung, mit der ich in vielerlei Hinsicht sympathisiere, die ich jedoch nicht als Gesamtpaket unterstütze. Was ich hier verteidigen will, ist weder der Neoliberalismus noch der *liberalism* im US-amerikanischen Verständnis, sondern etwas, das häufig als »klassischer Liberalismus« bezeichnet wird. Lassen Sie mich kurz erläutern, was ich damit meine.

In den frühen vierziger Jahren lebte Karl Raimund Popper,

einer der bedeutendsten Wissenschaftsphilosophen des 20. Jahrhunderts, wegen seiner jüdischen Abstammung in Neuseeland im Exil. Dort schrieb er sein epochales Werk *Die offene Gesellschaft und ihre Feinde* (2003 [1945]), in dem er seine Überlegungen auf den Bereich der Politik übertrug. Im Anschluss an Gedanken des französischen Philosophen Henri Bergson argumentierte Popper, allein eine *offene Gesellschaft* könne die Freiheit und Würde ihrer Bürgerinnen und Bürger sowie eine halbwegs rationale Verwaltung der öffentlichen Angelegenheiten gewährleisten. Im Gegensatz zu traditionellen oder Stammesgesellschaften zeichneten sich offene Gesellschaften durch die Möglichkeit aus, jeden Aspekt zu diskutieren und zu kritisieren. Faschismus und Kommunismus basierten auf einer fehlerhaften Epistemologie, die davon ausgehe, dass eine Partei oder ein charismatischer Führer über eine geheime Wahrheit verfüge, der es Folge zu leisten gelte. Offene Gesellschaften entwickelten hingegen Institutionen wie eine freie Presse, Forschungsfreiheit und eine unabhängige Justiz. Damit hatte Popper einen Weg gefunden, die grundlegende Idee der Aufklärung neu zu formulieren, nämlich dass nur eine Epistemologie, die keine heiligen Kühe kennt, den Fortschritt des Wissens und der Menschheit garantieren und totalitäre Katastrophen wie jene verhindern könne, deren Zeuge er zu seinen Lebzeiten wurde.

Das Konzept der offenen Gesellschaft existiert nun seit über sieben Jahrzehnten. Es bildet die Grundlage der liberalen Demokratie und bringt das Verständnis von Liberalismus auf den Punkt, das auch ich in diesem Buch vertrete. Zugleich handelt es sich dabei um einen zentralen Wert, dem die liberalen Kosmopoliten der Gegenwart anhängen: Sie wollen jene Tyrannei der Mehrheit verhindern, vor der Alexis de Tocqueville in seinem bahnbrechenden Werk *Über die Demokratie in Amerika* (1986 [1835/40]) gewarnt hat und die John Stuart Mill in seinem ebenso epochalen Buch *Über die Freiheit* (2009 [1859]) als größte Gefahr für die Massendemokratie beschrieb. Vom Standpunkt der Gegenwart aus klingen Tocqueville, Mill und Popper wie Propheten. Zu Tocquevilles Lebzeiten gab es kaum Demokratien; dasselbe gilt auch für Mill, dessen Kritik sich vor allem gegen die erstarrte viktorianische Gesellschaft richtete.

Heutige Sorgen um die liberale Demokratie klingen wie ein Echo der Warnungen von Tocqueville, Mill und Popper – allerdings auf eine Weise, die diese nicht vorausahnen konnten. Die Kommunikationsrevolution der letzten Jahrzehnte hat viele Verbesserungen mit sich gebracht, insbesondere verfügen nun beinahe alle Menschen über unbegrenzten Zugang zu Wissen. Zur Bestürzung aller liberal Gesinnten hat diese Revolution jedoch auch unvorhergesehene Nebenfolgen, die heute die liberale Demokratie unterminieren. Eine dieser Folgen ist jener »Echokammereffekt«, den der Jurist und Obama-Berater Cass Sunstein als einer der Ersten beschrieben hat (Sunstein 2001). Die liberale Demokratie basiert auf der idealen Annahme, dass es so etwas gibt wie eine Agora, den zentralen Versammlungsort antiker griechischer Stadtstaaten, wo über wichtige Fragen debattiert und wo unablässig unterschiedliche Standpunkte ausgetauscht werden. Das Internet hat jedoch nicht zur Entstehung einer virtuellen Agora geführt, sondern im Gegenteil zu jener katastrophalen Situation, in der die meisten Individuen nur noch jene Sender, Kanäle und Websites nutzen, deren politische Linie sie ohnehin bereits teilen. Liberale kucken CNBC, lesen die *New York Times* oder die *Washington Post*; Konservative schalten Fox News ein, lesen das *Wall Street Journal* und hören Radiosendungen, in denen Kommentatoren sich unablässig über *liberals* lustig machen oder vor ihnen warnen. In den USA hat dies zu einer historisch einmaligen Polarisierung der Öffentlichkeit und politischen Landschaft geführt. Es gibt keinen Dialog mehr zwischen den unterschiedlichen Lagern, stattdessen adressiert jede Seite nur noch die eigenen Anhänger. Andersdenkende werden dämonisiert. Darüber hinaus prämiert die Aufmerksamkeitsökonomie jene Stimmen, die mit provokanten Zitaten und Tweets aufwarten und die Gegenseite besonders aggressiv kritisieren. Das Resultat ist ein regelrechter Kulturkrieg, in dem vernünftige Diskussionen kaum noch möglich sind. Dasselbe gilt für den US-Kongress, wo es selbst bei existenziellen Fragen keine parteiübergreifende Zusammenarbeit mehr gibt. Der Brexit und der Aufstieg rechtspopulistischer Politikerinnen und Parteien sind ebenfalls eine Folge dieser Entwicklung. Eine der zentralen Fragen dieses Buches lautet daher, was liberale Kosmopoliten, die sich nach wie vor zu einer offenen Gesellschaft bekennen, dieser bedrohlichen Entwicklung hin zu einem autoritären Populismus entgegensetzen können.

# I.

## Liberale Kosmopolitinnen: Wie sie ticken und wo sie stehen

# 1. Ein soziales und politisches Porträt

Die Veränderungen, die wir gewöhnlich mit dem Begriff »Globalisierung« assoziieren, haben nicht zuletzt damit zu tun, dass durch politische Deregulierung und die technische Möglichkeit, in Millisekunden Myriaden von Transaktionen abzuwickeln, ein globaler Markt entstanden ist. In dieser interdependenten Weltwirtschaft können multinationale Konzerne ihre Aktivitäten und Wertschöpfungsketten überall auf dem Globus verteilen. Die Firmenzentrale, die Forschungsabteilung und die Produktionsstätten müssen nicht länger im selben Land, ja nicht einmal mehr auf demselben Kontinent liegen (vgl. Friedman 1999).

Doch auch die kulturelle Sphäre wurde früh von der Globalisierung erfasst. Dieser Prozess begann mit der Entstehung von TV-Sendern wie CNN und MTV in den Achtzigern und beschleunigte sich exponentiell, als das Internet ab Mitte der Neunziger von einem Werkzeug einiger Hightechspezialisten zu einem globalen Netzwerk wurde, an dem die Mehrheit der Menschen in den westlichen Industrieländern partizipiert. In seinem dreibändigen Opus Magnum *Das Informationszeitalter* (2001 [1996-1998]) zeichnet der spanische Soziologe Manuel Castells nach, welche strukturellen Transformationen damit einhergehen: Für alle, die in dieser neuen Ökonomie Karriere machen wollten, war die Fähigkeit, sich in dieses globale Netzwerk einzuklinken, nun wichtiger als ihre nationale oder ethnische Identität.

Die Soziologin Saskia Sassen (1991) erkannte früh den Aufstieg einiger »Global Cities«, in denen sich die Hauptverwaltungen multinationaler Konzerne konzentrierten. Um 1990 galt dies noch vor allem für New York, Tokio und London; heute gibt es von Seattle bis Schanghai, von Zürich bis Tel Aviv Dutzende solcher Städte. Sie ziehen nicht nur transnationale Unternehmen an, sondern auch kleinere Firmen, die Erstere mit juristischen, Medien- und Finanzdienstleistungen versorgen.

All dies hat den Alltag in den nun globalen Städten radikal verändert. Er wird jetzt von einer Gruppe (sehr) gut verdienender Manager, Expertinnen und Angestellter dominiert, die der Ökonom Robert B. Reich, unter Präsident Bill Clinton US-Arbeitsminister, als neue internationale Klasse der »Symbolanalytiker« bezeichnet hat (Reich 1993 [1991]). Restaurants, Geschäfte, Kultureinrichtungen usw. orientieren sich an ihren Präferenzen; Mieten und Immobilienpreise schießen durch die Decke, so dass die Angehörigen der traditionellen Mittelschicht sich in bestimmten Vierteln keine Wohnungen mehr leisten können. Manhattan und der Londoner Stadtbezirk Kensington and Chelsea sind die besten Beispiele für diese Entwicklung.

Gemeinsam ist all diesen Berufen, dass sie in globalen Netzwerken organisiert sind, in denen vor allem auf Englisch kommuniziert wird; wer in diesen Branchen tätig ist, verrichtet in der Regel relativ autonom hoch qualifizierte kreative Tätigkeiten. Man kann dies auch anhand der Wissenschaftslandschaft illustrieren: Hier entstanden globale Communities von Forscherinnen und Forschern, die vor allem über englischsprachige Fachjournale miteinander kommunizieren; diese verfügen über mehr oder weniger standardisierte Instrumente zur Qualitätssicherung (Peer-Review-Verfahren usw.), und man ist bestrebt, ihren »Impact« quantitativ zu messen.

In entsprechenden Rankings einen der vorderen Ränge einzunehmen ist für das Selbstbild und den beruflichen Erfolg der Wissenschaftlerinnen enorm wichtig. Wenn sich die Möglichkeit ergibt, an einer besonders renommierten Universität zu arbeiten, brechen sie ihre Zelte ab und ziehen um. Ähnliches gilt für Ingenieurinnen, Anwälte, IT-Expertinnen oder Finanzanalysten, die ebenfalls ohne zu zögern interkontinentale Umzüge in Kauf nehmen, wenn eine Stelle bei einem globalen Marktführer winkt.

In den Stamm der neuen liberalen Kosmopoliten wird niemand einfach so hineingeboren. Es handelt sich vielmehr um ein meritokratisches, auf Erfolg und erworbener Anerkennung beruhendes System. Die Angehörigen der beschriebenen Gruppe stellen sehr hohe Anforderungen an sich selbst, um ihren Rang in dieser globalen meritokratischen Hierarchie zu verteidigen. Sie haben ihre eigenen Festivals wie die bekannten TED-Konferenzen, eine weltumspannende Serie von Events, bei denen »bemerkenswerte Leute« »in fesselnden Vorträgen« »Ideen« kommunizieren, »die es wert sind, verbreitet zu werden« (so die nicht ganz unprahlerischere Selbstbeschreibung der Organisatoren). Physikerinnen, Designer, Ingenieurinnen, Menschenrechtsaktivisten, Zukunftsforscherinnen oder Unternehmer präsentieren, verdichtet zu maximal achtzehnminütigen »Talks«, Ideen, die die Welt verändern sollen. Die erfolgreichsten Vorträge werden im Internet millionenfach geklickt.

Diese meritokratische Logik erfasst auch das Privatleben. Die neuen Kosmopoliten haben hohe Erwartungen an ihre Beziehungen. Die meisten von ihnen lehnen traditionelle Familienmodelle ab: Auch wenn viele von ihnen verheiratet sind, Kinder haben und ihre elterlichen Pflichten überaus ernst nehmen, glauben sie nicht, dass es sinnvoll ist, Partnerschaften auch dann aufrechtzuerhalten, wenn sie nicht länger erfüllend sind. Beziehungen müssen sich jederzeit aus sich selbst heraus rechtfertigen und zur Selbstverwirklichung beider Partner beitragen, andernfalls ist die Wahrscheinlichkeit hoch, dass sie zerbrechen (vgl. Giddens 1992). Aus diesem Grund erleben die neuen Kosmopoliten ihre Beziehungen als weniger sicher. Eva Illouz (2011) hat herausgearbeitet, dass sie sich als Anbieterinnen auf einem Heiratsmarkt wahrnehmen, auf dem es gilt, den von Faktoren wie Aussehen, Leistung und Lebensstil abhängigen Wert permanent zu maximieren. Nie kann man eine

Beziehung bedingungslos als gesichert betrachten – und eigentlich will man das auch gar nicht, weil dadurch die eigene Freiheit beeinträchtigt würde. Dennoch sehnen sich viele liberale Kosmopoliten nach mehr Stabilität und Geborgenheit, als ihr »flüchtiger Lebensstil« garantieren kann (vgl. Bauman 2007). Auch sie stehen vor der Zwickmühle Freiheit versus Sicherheit und sind diesem Zwiespalt noch stärker ausgesetzt als andere Gruppen. Das ist der Grund, warum sie mit größerer Wahrscheinlichkeit unter Einsamkeit leiden: Daran gewöhnt, ihre eigenen Gedanken, Ideale und Interessen zu verfolgen, tendieren sie dazu, Freundschaften und intime Beziehungen zu vernachlässigen. Unablässig nagt die Frage: »Habe ich mich genug angestrengt? Lebe ich ein bedeutungsvolles Leben?« (Vgl. Conley 2009) So schrauben sich ihre Anforderungen an ihr Privatleben und ihre Leistungen immer weiter nach oben. Stets sind sie unzufrieden über die Begrenzungen, die traditionelle Routinen ihrem Handeln auferlegen (vgl. Castells 2001 [1996-1998]). Dasselbe gilt für die zähen und kleinteiligen Aushandlungsprozesse der etablierten Politik. Die neuen liberalen Kosmopoliten wollen, dass etwas vorangeht, dass Dinge erledigt werden. Ihre Lust, Menschen, von denen sie ohnehin keine allzu hohe Meinung haben oder die sie gar für irrational halten, von der Notwendigkeit von Kompromissen zu überzeugen, ist nicht sonderlich groß. Daher engagieren sie sich lieber in Netzwerken oder NGOs, die es ihnen erlauben, Politik an traditionellen Kanälen vorbei zu beeinflussen.

## Die kreative Klasse

Der US-amerikanische Ökonom Richard Florida hat die wirtschaftlichen und sozialen Charakteristika dieser neuen Gruppe früh herausgearbeitet. In seiner schon beinahe klassisch zu nennenden Studie *The Rise of the Creative Class* (2002) stellte er heraus, dass die Kreativen spezielle Anforderungen an die Städte haben, in denen sie zu leben bereit sind: Sie wünschen sich eine ausdifferenzierte kulinarische Szene sowie ein vielfältiges Kulturleben und ein ausgeprägt liberales Klima. Empirisch wollte Florida das unter anderem belegen, indem er zeigte, dass die kreative Klasse vor allem in Städten mit einer relativ großen LGBT-Community lebt, was generell als Indikator für Liberalität gilt. Laut Floridas Schätzung macht die neue Klasse in entwickelten Volkswirtschaften wie den USA, Dänemark, Schweden oder der Schweiz etwa dreißig Prozent der Beschäftigten aus.

Innerhalb dieser größeren Gruppe identifizierte Florida einen kleineren Personenkreis (nach seinen Schätzungen etwa fünf Prozent der Erwerbstätigen), den er als »superkreativen Kern« jener Wissensökonomie bezeichnete, die sich in den letzten Jahrzehnten herausgebildet hat. Zu diesem Kern gehören etwa leitende Mitarbeiter in den Forschungsabteilungen der Hightech-, Biotech- oder Maschinenbaubranche, »Content«-Produzenten im Medien- und Kunstbetrieb, Natur- und Sozialwissenschaftlerinnen oder auch die Entwickler komplexer Finanzinstrumente. Ihre Tätigkeit besteht im Wesentlichen darin, ihr Wissen und ihre Kreativität einzusetzen, um Probleme zu lösen und neue Produkte zu entwickeln. Kosmopolitisch sind sie, weil all dies in globalen Netzwerken geschieht, die sich von der physischen Geografie weitgehend emanzipiert haben.

Floridas Buch ist in jenem optimistischen Ton verfasst, der viele erfolgreiche Sachbücher aus dem angloamerikanischen Raum auszeichnet. Er idealisiert nicht nur den Lebensstil der neuen Kreativen, sondern preist zugleich ihre segensreichen Beiträge zum Wirtschaftswachstum. Nach der Veröffentlichung von *The Rise of the Creative Class* wurde er zu einem gefragten Berater, der Stadtoberen überall auf der Welt erklärt, wie sie besonders viele Kreative anlocken können.

## »Elsewheres«, »Somewheres« und »Anywheres«

Der US-Soziologe Dalton Conley hat besagte Gruppe in seinem gleichnamigen Buch aus dem Jahr 2009 als »Elsewheres« bezeichnet, womit er zum Ausdruck bringen wollte, dass ihre Mitglieder immer zugleich auch woanders sind als an dem Ort, wo sie sich physisch gerade aufhalten. Ihre Jobs setzen ihre tatsächliche Anwesenheit während der üblichen Bürozeiten nicht länger voraus; an ihren Excel-Sheets, PowerPoint-Präsentationen oder Forschungsaufsätzen können sie schließlich auch zu Hause im Jogginganzug arbeiten. Was zunächst großartig klingen mag, bringt aber auch Nachteile mit sich, haben die »Elsewheres« doch regelmäßig das Gefühl, über ihre Zeit nicht länger frei verfügen zu können. Sie kümmern sich liebevoll um die Erziehung ihrer Kinder, verbringen »Quality Time« mit ihren Nächsten – und blicken aus dem Augenwinkel doch stets auf ihre Smartphones, um zu sehen, ob eine neue Nachricht eingetroffen ist. Sie sehnen sich nach dem Gefühl, es endgültig geschafft zu haben und sich zurücklehnen zu können, aber das erweist sich immer wieder als Chimäre. Weil es stets noch spektakulärere Erfolgsgeschichten und Menschen gibt, die noch mehr verdienen – man denke an das berühmt-berüchtigte halbe Prozent am obersten Ende der Einkommensverteilung; das durchschnittliche Gehalt eines Goldman-Sachs-Mitarbeiters lag vor der großen Finanzkrise bei 622 000 US-Dollar (Holusha 2006; vgl. dazu allgemein Reich 2005); manche Bankvorstände streichen jährlich Dutzende Millionen ein, einige Hedgefonds-Manager sogar über eine Milliarde (Vardi 2018) –, verschiebt sich ihr Ziel immer weiter in die Ferne. Laut Conley sind »Elsewheres« besonders unzufrieden, sobald ihr Jahreseinkommen die Schwelle von 200 000 Dollar überschritten hat.

David Goodhart, der Gründer und ehemalige Chefredakteur der Zeitschrift *Prospect*, hat jüngst das Buch *The Road to Somewhere* veröffentlicht (2017a). Darin schwört der einstmals bekennende, von Tony Blair beeinflusste (Sozial-)Liberale vielen seiner früheren Überzeugungen ab. Auch wenn es in dem Buch vor allem um Großbritannien geht, lassen sich seine Befunde doch verallgemeinern. Innerhalb der britischen Bevölkerung unterscheidet Goodhart zwei Großgruppen, »Somewheres« und »Anywheres«, wobei Letztere Überschneidungen mit der Gruppe der liberalen Kosmopoliten aufweisen, wie ich sie oben beschrieben habe: Sie sind gut ausgebildet, haben oft eine sogenannte Eliteuniversität besucht, ziehen häufig um usw. Einwanderung und der Europäischen Union stehen sie positiv gegenüber, Nationalismus ist ihnen ebenso ein Greuel wie geschlossene Grenzen, nicht zuletzt, weil diese ihre weltweite Suche nach immer noch besseren Jobs behindern würden. Goodhart geht davon aus, dass sie etwa 20 bis 25 Prozent der britischen Bevölkerung ausmachen.

Die »Somewheres« hingegen seien weit weniger gut ausgebildet und vor allem im niedrig qualifizierten Dienstleistungssektor beschäftigt. Für sie gibt es keinen globalen Arbeitsmarkt, also leben sie in der Regel innerhalb eines 20-Meilen-Radius um den Ort, wo sie geboren wurden und aufgewachsen sind. Ergo identifizieren sie sich wohl oder übel stark mit der Landschaft, dem Lebensstil und der Kultur ihrer Herkunftsregion. Zugleich sind sie aufgebracht, wenn hier (etwa durch Immigration) Veränderungen drohen. So würden die »Somewheres« angesichts der Zuwanderung von Arbeitnehmern aus den neuen osteuropäischen EU-Mitgliedstaaten (man denke an den schon beinahe sprichwörtlichen »polnischen Klempner«) um ihre Jobs und Löhne fürchten, während die »Anywheres« angesichts dieser Entwicklung überaus gelassen reagierten, da ihre Einkommen auch weiterhin in die Höhe schießen und die Kosten für haushaltsnahe Dienstleistungen sinken.

Als Nigel Farage, der ehemalige Chef der EU-feindlichen Ukip, vor einigen Jahren sagte, er fühle sich unwohl in einem Zug, in dem niemand mehr Englisch spräche, hielten das viele

Beobachterinnen für billige Rhetorik (was insofern zutrifft, als Farage selbst sicher nicht zu den »Somewheres« gehört). Sie übersahen dabei, dass Farage einen Nerv getroffen hatte: Umfragen zeigten bald, dass etwa siebzig Prozent der Briten seiner Meinung waren – ein Anteil, der ziemlich genau jenem entspricht, den Goodhart für die Gruppe der »Somewheres« veranschlagt.

Goodharts Umdenken hatte sich bereits 2004 angedeutet, als er in *Prospect* einen Essay über das »progressive Dilemma« veröffentlichte. 2017 legte er dann mit einem Artikel in der *Financial Times* nach, der mit »How I left my liberal London tribe« überschrieben war (Goodhart 2017b). Goodhart hat immer wieder die Ansicht vertreten, die Arroganz, ja Verachtung, mit dem »Anywheres« aus der Oberschicht die vermeintlich provinziellen »Somewheres« behandelten, sei sowohl moralisch fragwürdig als auch politisch unklug. Zugleich hat er argumentiert, trotz ihres höheren Bildungsgrads lägen die »Anywheres« in vielen zentralen Fragen schlicht faktisch falsch. Dies gälte etwa für das liberale Dogma, laut dem Vielfalt stets und unter allen Bedingungen positiv zu bewerten sei. Goodhart wirft die Frage auf, wie viel Vielfalt eine Gesellschaft vertragen kann, ohne ihren Zusammenhalt zu verlieren, und nähert sich somit immer stärker konservativen Intellektuellen wie etwa dem Philosophen Roger Scruton an. Scruton, ein überzeugter EU-Gegner, verweist schon länger auf die Bedeutung kultureller Traditionen, die Menschen ein Gefühl der Heimat, Sicherheit und Kontinuität gäben. Sozialliberale Angebote wie kostenlose Gesundheitsversorgung seien nicht genug, um Gesellschaften zusammenzuhalten.

# Die neue Mittelklasse

Der deutsche Soziologe Andreas Reckwitz hat 2017 seine so umfassende wie beachtenswerte Studie *Die Gesellschaft der Singularitäten* veröffentlicht. Er vertritt darin die These, dass eine neue Mittelklasse (andere Soziologinnen würden diese Gruppe möglicherweise als obere Mittelklasse bezeichnen) entstanden ist, die sich durch ein Ethos der totalen Individualisierung auszeichne. Jede und jeder sei aufgefordert, so Reckwitz, die eigene Singularität herauszustreichen.

Wer zu dieser Klasse gehören will, muss nicht allein über ein ordentliches Einkommen verfügen, sondern vor allem über kulturelles Kapital. Entsprechende kulturelle Märkte hätten alle Lebensbereiche erfasst: Man glänzt als Weinkennerin oder Experte für exotische Küchen, stellt das Mobiliar Stück für Stück zusammen, anstatt die traditionellen Garnituren zu kaufen, betreibt Sportarten, die der Gesundheit besonders zuträglich sind, und reist selbstverständlich jenseits der ausgetretenen Pfade des Massentourismus.

Reckwitz rechnet die Angehörigen dieser neuen Mittelklasse zu den Gewinnern der Globalisierung und sieht darin die Ursache ihrer linksliberalen und kosmopolitischen Einstellungen. Mit lokalen oder nationalen Traditionen könnten sie wenig anfangen; wo souveräne Kenntnisse des klassischen Kanons der Literatur, Musik und bildenden Kunst jahrhundertelang ein Kennzeichen der gehobenen Bourgeoisie gewesen seien, hätten sie sich einer, wie Reckwitz es nennt, Hyperkultur verschrieben: Alles, »was die globale Gegenwart und die Geschichte bereithalten«, könne »flexibel als Kultur valorisiert werden« (Reckwitz 2017, S. 108). Daher gälte es, die neuesten Moden aufmerksam zu verfolgen und sich via soziale Medien auf dem Laufenden zu halten.

Angesichts des Aufstiegs der nationalistischen Populisten in den USA und in Europa habe sich der in der neuen Mittelklasse verbreitete Argwohn gegenüber traditionellen Lebensstilen noch weiter verschärft. Je lautstärker weniger privilegierte Gruppen auf der Notwendigkeit gemeinsamer kultureller Normen insistieren, desto leidenschaftlicher bekennen sich die neuen Mittelklassen zu Weltoffenheit und Vielfalt. Am Ende von Reckwitz' Buch steht die eher abstrakte Empfehlung, es sei notwendig, »das Kulturelle mit Blick auf die Sicherung allgemeiner kultureller Güter und Normen« zu regulieren (ebd., S. 441). Nur so könne die Polarisierung spätmoderner Gesellschaften überwunden werden.

Sinus-Milieus in Deutschland 2018

Quelle: https://www.sinus-institut.de/

Um diese neue Mittelklasse genauer zu lokalisieren, greift Reckwitz auch auf die Milieustudien zurück, die von dem deutschen Markt- und Sozialforschungsinstitut Sinus entwickelt wurden. Zur Vermessung der sozialen Landschaft werden dabei zwei Dimensionen herangezogen: die soziale Lage (y-Achse) sowie die kulturelle und normative Orientierung (x-Achse). Zu der von ihm ausgemachten neuen kulturellen Mittelklasse rechnet Reckwitz dabei die Milieus der »Expeditiven«, der »Liberal-Intellektuellen«, der »Performer« sowie der »Sozialökologischen« und damit insgesamt etwa dreißig Prozent der deutschen Bevölkerung. Er kommt damit zu ähnlichen Werten wie Florida und Goodhart, und auch ihre Beschreibungen dieser neuen Klasse weisen erstaunliche Übereinstimmungen auf.

## Prekäre soziale Verortung

Es ist interessant zu sehen, wie sich die Einschätzungen der neuen liberalen Kosmopoliten über die Jahre verändert haben. Frühe Interpreten wie Thomas L. Friedman (1999) oder der angesprochene Richard Florida waren regelrecht enthusiastisch: Sie lobten ihren dynamischen Spirit sowie ihre Beiträge zum Wirtschaftswachstum und klopften sich dabei auch selbst auf die Schulter. Knapp zwanzig Jahre später schlagen Goodhart und Reckwitz deutlich skeptischere Töne an. Goodhart attackiert seinen »liberalen Londoner Stamm« harsch für seine Selbstgerechtigkeit, seine Arroganz und seinen Mangel an sozialem Bewusstsein; Reckwitz beklagt den Verlust kultureller Bindungen, die Gesellschaften zusammenhalten, und stimmt damit in den wachsenden Chor moderater Konservativer ein (vgl. Lasch 1995a [1994], 1995b [1979]). Ich teile einige dieser Punkte, insbesondere die mangelnde Sensibilität gegenüber den tatsächlichen Schwierigkeiten der unteren (Mittel-)Klassen halte ich für überaus problematisch. Nichtsdestotrotz bin ich der Ansicht, dass die weit verbreitete Einschätzung, die liberalen Kosmopoliten interessierten sich nur für ihr eigenes Fortkommen, ziemlich einseitig ist. Ich verbringe den Großteil meiner Zeit mit Wissenschaftlerinnen, Kunst- und Medienschaffenden sowie Softwareentwicklern und kenne sie auch aus meiner therapeutischen Praxis. Auf dieser Grundlage möchte ich festhalten, dass sie starke normative Überzeugungen haben, dass sie danach handeln wollen und dass ihnen die Welt um sie herum durchaus am Herzen liegt. Sie teilen eine gemeinsame Sprache, die im Handumdrehen Nähe zwischen Menschen schaffen kann, die aus ganz unterschiedlichen Kulturen, Milieus oder Weltgegenden stammen und sich zuvor nie begegnet sind. Menschenrechte, soziale Gerechtigkeit und das Recht auf Selbstverwirklichung gelten ihnen als unantastbar (Moyn 2010). In der Regel sind sie einem Ethos des sorgfältigen Recherchierens und der wissenschaftlichen Prüfung von Theorien und Hypothesen verpflichtet (Strenger 2015).

Im Gegensatz zu traditioneller eingestellten Gruppen ist der Referenzrahmen ihres Handelns ein globaler. Wenn sie einen signifikanten Beitrag leisten wollen, der ihnen symbolische Unsterblichkeit sichert, liegt die Latte damit unglaublich hoch: Es geht nun um nichts weniger als darum, die Realität der Weltgesellschaft insgesamt zu verändern (Strenger 2016 [2011]). Das mag wie eine größenwahnsinnige Fantasie klingen, allerdings hält die jüngere Geschichte Beispiele liberaler Kosmopoliten bereit, denen genau das gelungen ist: Steve Jobs, Mitbegründer und langjähriger Vorstandschef von Apple, hat den PC erfunden und die Art und Weise verändert, wie wir leben und arbeiten. In seiner zweiten Phase bei dem kalifornischen Unternehmen revolutionierte er eine ganze Branche, indem er die Möglichkeit schuf, Musik über das Internet zu vertreiben. Und als ob das noch nicht reichen würde, entwickelte er mit dem iPhone und dem iPad dann noch Geräte, die unser Medien-, Kommunikations- und Freizeitverhalten radikal verändert haben. Mark Zuckerberg, der Gründer, Mehrheitseigner und CEO von Facebook, hat eine Plattform bereitgestellt, über die (Stand Herbst 2018) 2,3 Milliarden Menschen ihre sozialen Beziehungen organisieren.

Die Erwartung, es sei möglich, so etwas wie einen globalen Fußabdruck zu hinterlassen, wird nur verständlich, wenn man die tiefgreifenden Veränderungen berücksichtigt, welche die letzte Welle der Globalisierung mit sich gebracht hat (vgl. Friedman 1999). Jeff, den wir in Kapitel II.1 näher kennenlernen werden, entschied sich für eine Karriere in der Politikwissenschaft, weil er etwas gegen Irrationalität und das Böse in der Welt unternehmen wollte. Er hegte die Hoffnung, ein besseres evolutionstheoretisches Verständnis gruppendynamischer Prozesse, der blinden Flecken der menschlichen Entscheidungsfindung und der Wirkungsweise von Vorurteilen könne die Welt insgesamt zum Besseren verändern. Als Dan, dem wir in Kapitel II.3 begegnen werden, als Unternehmer in die Hightechbranche einstieg, wollte er nicht einfach nur Geld verdienen. Er war und ist vielmehr davon überzeugt, dass Technologie dazu beitragen kann, dass wir unsere tribale Vergangenheit hinter uns lassen. Derzeit widmet er sich der Frage, wie noch effizientere soziale Netzwerke Aktivistinnen dabei helfen können, die Politik, wie wir sie kennen, zu transformieren.

Der Umstand, dass die liberalen Kosmopoliten ihr Handeln in einem globalen Rahmen verstehen, hat allerdings die Nebenfolge, dass ihre Position innerhalb der lokalen Gemeinschaften, in denen sie leben, stets prekär ist. Wegen ihres Talents werden sie umworben, sie ziehen aber auch Neid auf sich. Vor allem erleben sie jedoch Zurückweisung, weil sie nicht bereit sind, die Sitten ihrer Stadt, ihres Landes oder ihrer Religion einfach so zu akzeptieren (Lasch 1995a [1994]). Es leuchtet ihnen nicht ein, weshalb sie keine buddhistischen Weisheiten befolgen sollten, nur weil sie nach katholischem oder jüdischem Glauben erzogen worden sind. Sie wissen um die einengende Wirkung jeder Art von Gruppenzwang sowie die oft schädliche Wirkung unhinterfragter, inkohärenter oder gar irrationaler Überzeugungen. Ihre Kritik, etwa die von Daniel C. Dennett (2008 [2006]) an Traditionen und Religionen, ist häufig von gnadenloser Schärfe geprägt.

In dieser Hinsicht können sie vielleicht als Erben jener Repräsentanten der Aufklärung gelten, die im 17. und 18. Jahrhundert einen beispiellosen Modernisierungsprozess entfesselten (Gay 1966; vgl. dazu auch Kapitel III.1 unten). Im Gegensatz dazu handelt es sich bei den liberalen Kosmopoliten allerdings nicht um eine kleine Gruppe von Philosophen, sondern um Dutzende Millionen Menschen. Wie die Denker von damals sind sie international vernetzt, allerdings umspannt ihr Netzwerk den ganzen Globus, Satelliten und Glasfaserkabel transportieren ihre Nachrichten in Lichtgeschwindigkeit von Tokio nach Seattle und von Oslo nach Kapstadt.

Die Globalisierung hat eine Gegenbewegung ausgelöst, die man mit der Reaktion auf die industrielle Revolution im 19. Jahrhundert vergleichen kann. Autorinnen und Autoren wie Benjamin R. Barber (1996), Karen Armstrong (2004 [2000]) und Olivier Roy (2010 [2008]) haben überzeugend argumentiert, dass der fundamentalistische Rückschlag, den alle großen Weltreligionen seit den siebziger Jahren erleben, eng mit dem Aufstieg globaler Kommunikationsnetzwerke zusammenhängt. Stärker der Tradition verhaftete Gruppen reagieren auf den moralisch begründeten Universalismus der liberalen Kosmopoliten immer wieder mit Hass und Ressentiments. In diesem Kontext sind auch die oft unerbittlichen Angriffe zu sehen, die der ehemalige US-Präsident Barack Obama auf sich zog, der von seiner Herkunft, Erziehung und seinen Werten her als geradezu paradigmatischer Vertreter dieser neuen Gruppe gelten kann: Als Sohn eines muslimischen Vaters in Hawaii und Indonesien aufgewachsen, wurde sein Weltbild stark von Eliteuniversitäten und dem Kontakt mit dem progressiven Judentum in seinem persönlichen Umfeld geprägt.

Genau deshalb ist die politische Rolle der neuen Kosmopoliten oft paradox: Ihr Universalismus ist authentisch und bedeutet ihnen viel. Gleichzeitig pflegen sie einen klar identifizierbaren Lebensstil und bekennen sich zu den meritokratischen Prinzipien der Leistungsgesellschaft. In der Regel bemerken sie nicht, dass sie selbst eine Art »Stamm« darstellen, auch wenn es sich um einen globalen Stamm ohne eindeutig definiertes Territorium handelt. Ihre Sorgen um die Zukunft des Planeten und ihre von universalistischen Werten geprägten Botschaften stoßen daher oft nicht auf Sympathie, sondern werden als eine Art Diktat einer globalen Elite abgelehnt. Das wiederum verstärkt ihrerseits ein Gefühl der Isolation, weil sie sich keiner lokalen Gemeinschaft wirklich zugehörig fühlen.

Möglicherweise könnten meine bisherigen Ausführungen dahingehend missverstanden werden, ich hielte die neuen liberalen Kosmopolitinnen für narzisstische Nervensägen, die den sozialen Frieden stören und traditionelle Lebensweisen durcheinanderbringen. Nichts liegt mir ferner. Wie ich bereits im Prolog erklärt habe, fühle ich mich selbst als Mitglied dieses Stamms, ich teile seine Werte und bin überzeugt, dass wir die Probleme, vor denen die Menschheit steht, nur auf der Grundlage universalistischer Überzeugungen erfolgreich bewältigen können. Damit gehöre ich in meinem Heimatland Israel, das im letzten Jahrzehnt mit besorgniserregender Geschwindigkeit in einen illiberalen Autoritarismus abgeglitten ist, mittlerweile zu einer verhassten Minderheit. Doch wie nicht zuletzt der große Soziologe Ulrich Beck immer wieder unterstrichen hat, ist kein Nationalstaat in der Lage, globale Herausforderungen wie Migration, Klimawandel oder Terrorismus in den Griff zu bekommen. Gelingen kann dies nur weltweit vernetzten Menschen, die eine ähnliche Sprache sprechen und auf der Grundlage gemeinsamer Werte agieren. Auf die politische Rolle der neuen liberalen Kosmopolitinnen werde ich in Teil III dieses Buches zurückkommen.

## 2. Liberale Kosmopoliten auf der Couch

In diesem Buch möchte ich die neuen liberalen Kosmopoliten aus einer zusätzlichen Perspektive porträtieren: jener des psychoanalytischen Behandlungsraums, wo Menschen sich mit ihren tiefsten Hoffnungen, Ängsten, Sehnsüchten und Vorstellungen davon auseinandersetzen, wer sie gerne sein möchten. Meine therapeutischen Erfahrungen der letzten zehn Jahre haben mich zu der Hypothese geführt, dass die neuen Kosmopolitinnen, die überwiegend der Generation X (die in etwa die Geburtsjahrgänge 1965-1980 umfasst) und den sogenannten Millennials (1980-1999) angehören, in einer Welt leben, die sich fundamental von der ihrer Babyboomer-Eltern unterscheidet, die als Bannerträger der kulturellen Revolution der sechziger und siebziger Jahre gelten. Die Generation X und die Millennials wurden in eine neue Realität hineingeboren: Sie müssen nicht für die sexuellen und kulturellen Freiheiten kämpfen, die ihre Eltern errungen haben. Mütter und Väter verkörpern für sie keine Autoritäten mehr, gegen die man sich auflehnen muss – und kann. Drogenkonsum gilt nicht länger als Ausdruck der Rebellion. Gras, Trips und Ecstasy sind heute lediglich Mittel, um ein aufregendes Wochenende zu verbringen. Dasselbe gilt für sexuelle Experimente, die den politischen Subtext eingebüßt haben, der einmal in dem Hippie-Slogan »Make love, not war« steckte. Wo die Eltern der Babyboomer noch versuchten, Autorität über ihre Kinder auszuüben, waren die Babyboomer selbst als Eltern verwirrt und verloren: Hatten sie nicht einst für mehr Freiheit gekämpft? Wie sollten sie nun ihren eigenen Kindern irgendwelche Regeln und Werte vorschreiben? Das Resultat besteht darin, dass die Angehörigen der Generation X und die Millennials ihre Identität nicht länger über Auseinandersetzungen mit ihren Eltern definieren. Die ambivalente Mischung aus Liebe und Hass, Respekt und

Verachtung, die das Verhältnis früherer Generationen bestimmte, hat einem vagen Gefühl der Irrelevanz Platz gemacht.

Kulturelle Referenzrahmen werden nicht mehr vertikal von einer Generation an die nächste weitergegeben. Die neuen liberalen Kosmopoliten leben in einem kulturellen Raum, der von gleichaltrigen Zeitgenossen geschaffen wurde. Doch wie wir in den Fallstudien sehen werden, bedeutet das nicht, dass die jungen Leute nicht an ihren Eltern hängen. Es bedeutet vielmehr, dass sich gerade im Spannungsfeld von wechselseitiger Wertschätzung und der Weitergabe traditioneller Lebensformen die heftigsten Konflikte entzünden.

Die verwirrende Vielfalt kultureller Ikonen, ob nun aus den Bereichen Hightech, Sport oder Medien, ist einer der Gründe, warum junge liberale Kosmopoliten die Vergangenheit und ihre traditionelle Kultur als zunehmend irrelevant betrachten, wenn sie nach Vorbildern suchen, um eine eigene Identität zu entwickeln. Ich schreibe das nicht, weil ich in das Lamento konservativer Intellektueller einstimmen möchte, die den Verlust der guten alten Religion und der Familienwerte beklagen. Mir geht es vielmehr um die Auseinandersetzung mit einem objektiven sozialen Faktum, das der US-amerikanische Psychologe Kenneth J. Gergen treffend als »saturiertes Selbst« bezeichnet hat (1996 [1991]). Die neuen Kosmopoliten leben in globalen Städten, nicht in traditionellen Gesellschaften. Sie sind gezwungen, ihren Lebensstil bewusst zu wählen. Wir stoßen hier auf jene Reflexivität, die unter anderen Ulrich Beck, Scott Lash und Anthony Giddens (1996 [1994]) als zentrales Charakteristikum der globalisierten Moderne ausgemacht haben. Es gibt keine Fragen mehr, die sich allein mit dem Verweis auf die Tradition beantworten ließen. Von spätmodernen Individuen wird vielmehr erwartet, alle Entscheidungen auf der Grundlage bewusster Abwägungen zu treffen. Laut dem US-Historiker und Kulturkritiker Christopher Lasch (1985) läuft dies auf eine Art »minimales Selbst« hinaus: ohne Geschichte, ohne

Tradition, ohne irgendwelche Verpflichtungen, die als selbstverständlich gelten können.

Der aus Rumänien stammende Religionswissenschaftler Mircea Eliade hat in seiner klassischen Studie *Das Heilige und das Profane* (1984 [1947]) die Ansicht vertreten, dass Ordnung die Essenz des Sakralen darstellt: Es gibt eine klare Hierarchie der Orte, Objekte, Werte. In der flachen Welt der »Hyperkultur« (Reckwitz) gilt die Kategorie des Heiligen in entwickelten Ländern zunehmend als verdächtig. Ich kann diese Beobachtung aus meiner therapeutischen Erfahrung nur bestätigen: Patienten aus den jüngeren Generationen sprechen immer wieder über diffuse Gefühle der Verwirrung, Depression und Orientierungslosigkeit. Sie müssen zwar nicht länger gegen etablierte Autoritäten ankämpfen, sind im Gegenzug jedoch mit dem Imperativ konfrontiert, einerseits finanziell und beruflich erfolgreich zu sein und sich andererseits selbst zu verwirklichen und ihrem Leben eine höhere Bedeutung zu geben.

# II.

## Fünf liberale Kosmopolitinnen in der Blüte ihres Lebens:
## Keine Verschnaufpause

In diesem Teil berichte ich von meinen Therapiesitzungen mit fünf typischen liberalen Kosmopoliten. Es handelt sich um Personen, die beachtliche Erfolge vorweisen konnten und die es scheinbar »geschafft« hatten. Sie unterschieden sich deutlich von den Patienten, die ich früher behandelt habe. Zunächst einmal wohnten sie nicht in Tel Aviv, der Stadt, in der ich lebe und arbeite. Von den beiden unter ihnen, die wissenschaftlich tätig waren – Jeff und Naomi –, saß er in Tel Aviv an einem Forschungsprojekt, sie machte ein Sabbatical. Ella war für ein paar Tage in der Stadt, weil ein internationaler Nachrichtensender sie dorthin beordert hatte. Dan, ein Hightechunternehmer, hatte zwar ein Haus in Tel Aviv, verbrachte aber nur ungefähr ein Drittel seiner Zeit in der Stadt. Mark, Managing Partner bei einem Investmentfonds, hielt sich stets nur für ein paar Wochen hier auf, um Start-up-Firmen zu begutachten.

Vier dieser liberalen Kosmopoliten kontaktierten mich von außerhalb Israels und vereinbarten einen Termin für ihren nächsten Besuch in der Stadt. Sie alle wussten, dass wir große Teile unserer therapeutischen Reise, so wir sie denn tatsächlich antreten sollten, via Skype zurücklegen würden. Für sie war diese Option eine Selbstverständlichkeit.

Zuallererst möchte ich festhalten, dass klinische Fallstudien groß angelegte quantitative Forschungen nicht ersetzen. Für sich genommen, können sie niemals als Rechtfertigungen für wissenschaftliche Verallgemeinerungen über eine ganze soziale Klasse, die Entstehung von Psychopathologien oder irgendeine andere generelle Behauptung dienen. Ich erzähle hier von meinen Sitzungen mit Jeff, Naomi, Dan, Mark und Ella, weil ich glaube, dass sich in der Präsentation ihrer existenziellen Probleme und psychischen Leiden trotz ihrer sehr unterschiedlichen Persönlichkeiten, Hintergründe und Berufe die Gestalt der liberalen Kosmopoliten konkreter abzeichnet als in Diagrammen und Statistiken.

Außerdem muss ich voranschicken: Diese fünf Porträts basieren nicht auf realen Personen. Vielmehr sind sie zusammengesetzt aus Eindrücken von verschiedenen Menschen, mit denen ich gearbeitet habe. In den frühen nuller Jahren verfasste ich noch Fallstudien zu einzelnen Patienten, deren Einverständnis ich zuvor eingeholt hatte. Ich schrieb ihre Geschichten auf und gab sie ihnen zu lesen, wobei ich natürlich Details, anhand derer sie hätten identifiziert werden können, wegließ, um ihre Privatsphäre zu schützen. Aber heute, in Zeiten von Google und den sozialen Medien, ist das Risiko einer Identifizierung schlicht zu groß. Wie viele meiner Kollegen arbeite ich daher inzwischen mit zusammengesetzten Porträts (sogenannten *composites*), die auf realen Menschen basieren und die nach meinem besten Wissen und Gewissen eine Art psychodynamische Konstellation repräsentieren. Dies ist heute die einzig vertretbare Form der Fallstudienveröffentlichung, insbesondere in Büchern, die sich nicht nur an ein Fachpublikum wenden.

## 1. Jeff: Das Hochstapler-Syndrom im globalen Maßstab

Mein erster Eindruck von Jeff war der eines Bündels kaum zu kontrollierender Energie. Ich war mir nicht sicher, ob sein Kleidungsstil bewusst lässig sein sollte oder ob er bestimmten Details schlicht keine Beachtung schenkte. Die Farbe seiner Jeans und die seines Jacketts passten nicht so recht zusammen; sein Hemd trug er über der Hose (was in akademischen Kreisen freilich nicht ungewöhnlich ist). Sein dickes, lockiges Haar hatte schon länger keinen Friseur mehr gesehen. Er war etwas übergewichtig, und seine außergewöhnlich ausdrucksstarken dunklen Augen dominierten sein Erscheinungsbild. »Doktor Strenger ... darf ich Carlo zu Ihnen sagen?« Ich nickte.

»Carlo, ich bin zu Ihnen gekommen, weil ich Ihre Bücher gelesen habe. Ich bin Akademiker. Und ich bin sehr gründlich. Ich glaube, dass ich fast alles gelesen habe, was Sie veröffentlicht haben. Nehmen Sie es mir nicht übel, aber in meinen Augen stammen Ihre besten Arbeiten aus den neunziger Jahren. Ihr Buch *Individuality: The Impossible Project* hat bei mir einen bleibenden Eindruck hinterlassen. Ich habe Sie angerufen, weil ich hoffe, dass Sie in der Tat das sind, was ich glaube: eine Kombination aus Seele und Gehirn. Ich ... ich weiß nicht, wie ich es sagen soll. Ich ... ich brauche wirklich Hilfe.

Sie werden vermutlich meinen Namen gegoogelt haben und wissen also wahrscheinlich, dass man mich für einen sehr erfolgreichen Wissenschaftler hält. Ich komme gleich zur Sache: Ich habe das Gefühl, dass mein Leben ein einziger großer Schwindel ist. Ich bin ein Betrüger. Ich bin zweiundvierzig Jahre alt und habe das Gefühl, überhaupt nichts von Wert geschaffen zu haben. Ich fühle mich miserabel. So kann es nicht weitergehen.

Ich weiß nicht, ob ich jemals Kinder haben werde. Aber im

Augenblick kann ich darüber nicht einmal nachdenken. Wie soll ich einen Sohn erziehen, wenn ich nichts habe, das ich ihm mitgeben könnte? Wie kann ich Kinder großziehen, wenn ich mich selbst verabscheue?«

Schluchzer drangen aus Jeffs großer Brust, er zitterte und weinte. Für gewöhnlich sind Patienten in der ersten Sitzung eher darum bemüht, wenigstens ein Mindestmaß an Haltung zu bewahren. Aber Jeffs Ausbruch verblüffte mich nicht. Ich fühlte eine tiefe Sympathie für ihn. Meine Intuition sagte mir, dass er weder schauspielerte noch psychisch krank war. Vielmehr hatte es den Anschein, dass er in seinem Kopf schon so viel mit mir gesprochen hatte, dass er dachte, er kenne mich gut genug, um einfach loszulassen.

Dann bemerkte ich, dass die Packung mit Taschentüchern, die ich für meine Patienten auf einem Tisch neben ihnen bereitstelle, weg war. Freud, unser Deutscher Schäferhund, liebt Taschentücher mit Aloe-vera-Balsam, wahrscheinlich hatte er die Box geklaut. Nun hatte ich allerdings keine weitere Packung, so dass ich Jeff eine Rolle Toilettenpapier anbieten musste: »Entschuldigen Sie, aber ich fürchte, unser Hund hat die Taschentücher gefressen, die eigentlich hier sein sollten. Toilettenpapier ist natürlich nicht ganz so elegant, aber ich hoffe, das ist in Ordnung.«

Jeff musste lachen. Er nahm die Rolle, wischte sich die Tränen aus dem Gesicht und putzte sich die Nase. Er beruhigte sich ein wenig und sagte: »Was für ein dramatischer Auftakt. Das hatte ich so nicht geplant. Machen Sie sich keine Sorgen: Ich bin nicht irre, es ist einfach so, dass es mir wirklich nicht gutgeht.«

Jeff war ein weltberühmter Politikwissenschaftler. Er hatte auf der Grundlage einer sozialpsychologischen Theorie die politischen Prozesse sowohl innerhalb von Staaten als auch zwischen ihnen modelliert. Schon in seiner Promotion hatte er die These aufgestellt, alle bisherigen Modelle politischer Entscheidungsfindung seien zu rationalistisch und daher mangelhaft. Wenn man die existenziellen Bedürfnisse, die Wähler und Politikerinnen antreiben, nicht berücksichtige, könne man politische Prozesse niemals verstehen.

In einer Reihe von Aufsätzen und Büchern hatte er die wissenschaftliche Gemeinschaft beeindruckt, indem er seine Hypothese mit einer enorm ausgeklügelten statistischen Analyse riesiger Datenmengen untermauert hatte. Einige Leute glaubten, er könne die Politikwissenschaft revolutionieren. Er bekam eine Professorenstelle an einer der prestigereichsten Universitäten der USA, die ihm ein beträchtliches Gehalt zahlte, um Abwerbeversuche anderer Unis abzuwehren. Außerdem musste er kaum lehren, so dass er Forschungsprojekte in aller Welt initiieren konnte. Regierungen überall auf der Welt flogen ihn ein, damit er sie bei den brennendsten Konflikten der Zeit beriet.

Jeff war ein klassischer Fall des Hochstapler-Syndroms, das zwar nicht auf liberale Kosmopoliten beschränkt ist, bei ihnen allerdings vermehrt auftritt. Ich hielt mit meiner Diagnose nicht hinter dem Berg und sagte: »Dass Sie ein Genie sind, scheint für Sie ja außer Zweifel zu stehen. Wenn nicht in Ihrem Forschungsbereich, dann doch immerhin darin, anderen permanent etwas vorzumachen.«

Jeff sprach extrem schnell, wobei er seine Aussagen mit ausgreifenden Gesten untermalte. Auch nachdem er aufgehört hatte zu weinen, war er noch immer emotional. Seine Qualen waren greifbar, ja geradezu physisch im Raum präsent. Jetzt schaute er mich mit einer Kombination aus Humor und Enttäuschung an:

»Ich hatte mehr von Ihnen erwartet, Carlo. Ich weiß alles über das Hochstapler-Syndrom, und ich glaube nicht einfach, dass ich ein Hochstapler bin. Ich bin davon überzeugt, dass dieses ganze Spiel, an dem wir beide teilhaben – Ihre Fachrichtung gehört auch dazu –, ein riesiger Hoax ist. Wir machen der Welt vor, dass wir die Phänomene, die wir angeblich analysieren, tatsächlich verstehen. Wir schreiben Aufsätze, in denen wir komplexe statistische Analysen in Anschlag bringen, und vermitteln so den Eindruck, was wir treiben, sei Wissenschaft. Aber wir wissen, dass es nicht möglich ist, unsere Schlussfolgerungen auf unsere Daten zu stützen. Es gibt Milliarden alternativer Erklärungen.

Irgendwie gelingt es uns, die Steuerzahler davon zu überzeugen, dass wir auf ihre Kosten rund um die Welt fliegen müssen, um Konferenzen zu besuchen, die im Grunde nichts anderes sind als ritualisiertes Einander-auf-die-Schulter-Klopfen. Wir feiern uns dafür, wie klug wir sind, was wir für diese Welt nicht alles tun, und wir überzeugen alle anderen, dass sie nicht ohne uns leben können. Aber wir beide wissen, dass sich so gut wie nichts ändern würde, wenn die wichtigsten Sozialwissenschaftler bei solch einer Konferenz in die Luft gesprengt würden! Es gibt Leute, die wahre Wissenschaft betreiben: Physiker, Chemiker, Biologen. Sie *schaffen* tatsächlich etwas. Ein Freund von mir, ein Physiochemiker, hat einen neuen Keramikwerkstoff entwickelt, und der wird jetzt in Bremsen für Luxusautos eingesetzt. In zwanzig Jahren werden alle Bremsen aus diesem Material sein: Es ist leichter, haltbarer, und die Wärmeleitfähigkeit ist besser als die von Stahl. Weder Sie noch ich werden jemals so etwas Greifbares hervorbringen. Unsere Schlösser sind Luftschlösser, deswegen sieht man sie nie zusammenstürzen. Und ihr Seelenklempner, so geht doch der berühmte Scherz, treibt die Miete für diese Schlösser ein. Ihr sorgt dafür, dass eure Patienten nach eintausend Sitzungen und einer Viertelmillion Dollar akzeptieren, dass sie sind, wer sie sind. Carlo, Sie werden mir keine Hilfe sein, wenn Sie mir nichts anderes mitzuteilen haben, als dass ich am Hochstapler-Syndrom leide.«

Damit berührte Jeff einen wunden Punkt: Auch ich denke hin und wieder, dass die Sozial- und die Geisteswissenschaften nichts weiter als ein großer Schwindel sind. Nun stellen wir beide diesbezüglich mitnichten eine Ausnahme dar. Die meisten Sozialwissenschaftler, die ich kenne, haben Momente, in denen sie sich fragen, ob das, was sie tun, das Geld wert ist, mit dem ihre Forschung finanziert wird. Nur in einer Hinsicht haben sie unrecht: Sie glauben, Informatiker, Ingenieurinnen oder Naturwissenschaftler seien in dieser Hinsicht besser dran. Gleichzeitig hatte Jeff aber natürlich auch recht: In der Psychoanalyse und der Psychotherapie geht es meist nicht in erster Linie darum, Menschen radikal zu verändern, vielmehr helfen wir ihnen, sich so zu akzeptieren, wie sie sind. Insofern wäre es sinnlos gewesen, abwehrend auf seine Bemerkung zu reagieren.

»Jeff, in Ordnung, der Punkt ist angekommen. Also frage ich, der Pseudowissenschaftler, Sie, einen anderen Pseudowissenschaftler: Wenn Sie all das wissen, was um alles in der Welt machen Sie dann in meiner Praxis? Sie wissen nur zu gut, dass wir Seelenklempner letztlich so etwas wie säkulare Priester oder Rabbis sind. Meinen Studenten sage ich immer, wir seien Problemlöser für Sinnfragen: Die Menschen kommen zu uns mit Geschichten über sich, die sie unglücklich machen, und wir versuchen, die Probleme in ihren Geschichten zu lösen. Genau das verkaufe ich, und das wissen Sie. Und trotzdem sind Sie hier.«

Seine Augen glänzten: »Na ja, Sie greifen nicht unbedingt tief in Ihre Trickkiste. Ich vermute, das bringen Sie schon Ihren Erstsemestern bei: den Fokus auf den Patienten verschieben. Er soll die Verantwortung für seine Worte und seine Handlungen übernehmen.«

»Aber Tatsache ist doch, dass Sie hier sind, oder nicht?«

Mit einem Mal wirkte er wieder niedergeschlagen: »Ich leide, ich leide, verflucht noch mal. Wenn Ihr Wissensgebiet zu irgendetwas taugen würde, dann würden Sie eine neuronale Verbindung durchtrennen, meinem Gehirn irgendetwas geben, und nach einer Stunde wäre ich hier raus. Aber da ihr im Grunde noch immer Alchemie betreibt, habe ich keine Wahl, oder? Sagen Sie mir einfach, dass es Hoffnung gibt, dass ich eines Tages eine Frau lieben werde, dass ich einen Sohn großziehen werde und dass ich diese Qualen nicht länger ertragen muss.«

Auf diesem Gebiet fühlte ich mich sicherer: »Was ich mit einem vernünftigen Maß an Gewissheit sagen kann, ist Folgendes: Ich erkenne keine offenkundige Psychopathologie. Menschen wie Sie, die grundsätzlich gesund sind, über eine ausgeprägte Ich-Stärke verfügen, von schweren Schuldgefühlen geplagt werden und Beziehungsprobleme haben, machen sich in der Regel recht gut in einer psychodynamischen Psychotherapie. Mit einer Wahrscheinlichkeit von sechzig oder siebzig Prozent geht es Ihnen in ein paar Jahren besser. Das mag nicht das sein, was Sie sich erhofft haben, aber es ist immerhin etwas, oder nicht?«

Jeff grinste: »Wenn man bedenkt, dass die Alternative darin besteht, sich mit hundertprozentiger Wahrscheinlichkeit miserabel zu fühlen ...«

Ich bat ihn, mir etwas über seine Herkunft zu erzählen. Er war in einer vorstädtischen Umgebung in einem kleineren Ort aufgewachsen. Seine beiden Elternteile waren die Kinder von Einwanderern, die hart gearbeitet hatten, um ihrem Nachwuchs ein besseres Leben zu ermöglichen. Für seine Großeltern väterlicherseits war es geradezu ein Wunder gewesen, dass ihr Sohn Medizin studieren konnte. Jeffs Vater beteuerte stets seine Dankbarkeit dafür, dass seine Eltern ihm die Türen zu einem guten Leben geöffnet hatten.

»Das ganze Leben meines Vaters war darauf ausgerichtet, Gutes zu tun. Er war Allgemeinmediziner, mehr wollte er nie sein. Er liebte seine Arbeit, er kümmerte sich um seine Patienten, er sorgte für seine Frau, für seine Kinder und für seine Eltern. Er war dankbar für unser Haus. Er war dankbar für sein schönes Auto. Er war dankbar für die Grillabende mit den Nachbarn. Er war ein guter Mensch, ganz einfach.

Und ich war ein Dreckskerl. Ich hasste das alles. Ich hasste die Grillabende; ich hasste die Nettigkeit all dieser Leute, die einander Heidelbeerkuchen mitbrachten; ich hasste die Gespräche über Sport. Ich erinnere mich, dass ich mit dreizehn dachte: Wenn das mein Leben sein soll, dann sterbe ich lieber bei einem Unfall. Ich träumte nur davon, diesem Milieu zu entfliehen, und schon im Alter von dreizehn wusste ich, dass mein Gehirn das Ticket dafür sein würde. Ich war schlauer als alle anderen, und ich wusste, dass ich das einsetzen musste, um von dort abzuhauen. Eigentlich zählte ich nur die Minuten.

Hier bin ich also. Ich habe es geschafft. Ich bin rausgekommen. Für ein paar Wochen bin ich in Israel, um weiter über diesen verfluchten israelisch-palästinensischen Konflikt zu forschen, obwohl ich ganz genau weiß, dass meine Ergebnisse keinen Unterschied machen werden. Aber was soll's: Ich habe eine Viertelmillion Dollar erhalten, meine Arbeit wird finanziert, weil meine Theorie angesagt ist. Ich habe Partner hier vor Ort, die halten das alles am Laufen. Ich fliege nur ein, bin auf CNN zu sehen, treffe hochrangige Geheimdienstmitarbeiter, Diplomatinnen und Politiker. Und habe alle Hände voll zu tun, mich selbst zu hassen. Anscheinend bin ich verloren. Vielleicht war das Kleinstadtleben gar nicht mein Problem. Vielleicht wurde ich mit einem Unzufriedenheitsgen geboren, das ihr noch nicht entdeckt habt.«

Es war deutlich, dass Jeff litt, und ich fragte mich, was ich tun konnte, um ihm am Ende der ersten Sitzung wenigstens ein bisschen Linderung zu verschaffen. Für gewöhnlich sage ich nach der ersten Sitzung nicht viel, aber dieses Mal war es anders:

»Ich habe gesehen, dass Sie Hunde mögen. Sie haben Freud gestreichelt, als Sie reingekommen sind. Und ich gehe davon aus, dass Sie nicht glauben, dass Hunde Hochstapler oder etwas Ähnliches sein können. Freud wurde nicht gezüchtet, um sein Leben in einer Wohnung zuzubringen. Wir achten darauf, dass er genug Zeit hat herumzurennen, mit anderen Hunden zu spielen und Bällen hinterherzujagen. Wenn wir das nicht täten, würde er durchdrehen.

Es ist nicht Ihr Fehler, dass Sie mit einem so beeindruckenden Gehirn geboren wurden. Das ist, als würde man einen leistungsstarken Computerchip in eine kleine Schachtel ohne ausreichende Kühlung einbauen: Er würde andauernd heiß laufen. Es ist nicht Ihr Fehler, dass Sie Raum brauchen. Sie können nur lernen, das produktiv zu nutzen. Mir scheint, dass Ihr zentrales Problem nicht Unzufriedenheit ist, sondern eine starke Neigung zu erdrückenden Schuldgefühlen. Sie fühlen sich schuldig, weil Sie Ihren Eltern nicht die Freude gemacht haben, dankbar für ein gutes Leben zu sein, wie es Ihr Vater seinen Eltern gegenüber war. Sie fühlen sich schuldig, weil Ihr Leben so viel interessanter ist als das Ihres Vaters, dafür, dass Sie berühmt sind und respektiert werden. Menschen mit so großen Schuldgefühlen haben oft Angst, sich zu verlieben, weil sie glauben, sie würden die, die sie lieben, notwendigerweise verletzen. Vereinbaren wir einen Termin für die nächste Sitzung.«

## Ein Weg zur Selbstakzeptanz

Jeff hatte mehrere Antidepressiva ausprobiert, die ihm allerdings nicht geholfen hatten. Die psychodynamische Therapie war die letzte Option. Wie sich herausstellte, war er trotz seiner anfänglichen Skepsis ein idealer Patient. Zwischen uns entwickelte sich rasch eine therapeutische Beziehung. Zunächst hatte es den Anschein, als leide Jeff vor allem unter der Einsicht, dass all seine Erfolge und das Feedback, das er in akademischen und politischen Kreisen bekam, keinerlei Konsequenzen hatten. Seine Arbeit trug nicht zur Lösung politischer und gesellschaftlicher Konflikte bei. Als er zu mir kam, hatte er bereits mehr als zehn Millionen Dollar an Forschungsgeldern eingeworben. Er fühlte sich wie ein Betrüger, der Steuergelder verschwendete und ein Jetset-Leben führte. Meine Annahme, er leide vor allem am Hochstapler-Syndrom, war nicht falsch. Sie war nur, wie er mich wissen ließ, oberflächlich.

Jeffs Behandlung sollte insgesamt fast drei Jahre dauern. Im Lauf der Zeit ergab sich ein komplexes Bild seiner inneren Psychodynamik. Nach und nach erinnerte er sich daran, wie er schon in frühen Jugendjahren seine Eltern kritisierte, weil sie zu wenig wussten über Politik, das Weltgeschehen, die Rolle der Religion und andere Themen, über die er in seiner Schulbibliothek wie besessen las. Seine Eltern waren bescheidene Menschen. Sie respektierten Jeffs Intelligenz und seine frühreife Gelehrsamkeit. Doch seine gnadenlose Kritik verletzte sie natürlich, und Jeff weinte jedes Mal ohne Unterlass, wenn er mir von einer dieser Episoden erzählte.

Jeff war der Jüngste von insgesamt vier Geschwistern, und sehr schnell wurde deutlich, dass er weitaus klüger war als seine älteren Brüder und seine Schwester. Er hielt sich häufig im Ausland auf, bekam bald eines der prestigereichen Rhodes-Stipendien und absolvierte ein Auslandssemester in Oxford. Die übrigen Familienmitglieder waren eingeschüchtert ob des brillanten Sohnes und Bruders. Wenn er zu einem Familienfest in ihrer Kleinstadt anreiste, wirkte es auf sie, als käme er aus einer anderen Welt. Er bemühte sich, seiner Familie gegenüber nicht zu ungestüm und kritisch aufzutreten, aber seine Angehörigen bemerkten schnell, dass er ihre Ansichten nicht respektierte. Jeff war davon überzeugt, dass sie auf ihre Kleinstadtexistenz festgelegt waren, die keines seiner Geschwister hinter sich gelassen hatte. Zwar hatten sie alle studiert und gingen angesehenen Berufen nach, aber ihre intellektuellen und existenziellen Horizonte wurden durch ihre Erziehung definiert: Sie heirateten früh und gründeten Familien nach dem Vorbild ihrer Eltern. Als Jeff die dreißig erreicht hatte, ermutigten sie ihn nicht länger zur Heirat und sagten stattdessen: »Das Alleinsein ist nun einmal der Preis, den ein Genie zu zahlen hat, oder nicht?« Er fasste das nicht als Kompliment auf. Seine Familie verstand anscheinend schlicht nichts von seinem Leben, seinen Interessen und von der Welt, in der er lebte. Irgendwann hörte er auf, ihnen von den vielen Fördergeldern, seiner Forschung und den Regierungen zu erzählen, die er beriet. Doch so wurde die Distanz nur noch größer. Jeffs Schicksal schien besiegelt: Einerseits führte er ein Leben im Rampenlicht, andererseits wurde er immer einsamer.

Ich wünschte, ich könnte sagen, Jeff sei inzwischen glücklich verheiratet und führe ein weniger hektisches Leben. Auch nachdem unsere regelmäßige therapeutische Arbeit beendet war, blieben wir lose in Kontakt. Jeff geht es um einiges besser als am Beginn der Therapie, er hasst sich nicht mehr so sehr und hat mehr innere Ruhe gefunden. Er hatte einige wichtige Beziehungen und hat engere Freundschaften geschlossen. Außerdem hat er eingesehen, dass der Anspruch, mit seiner Forschung die Welt zu verändern, in erster Linie von seinen Schuldgefühlen gegenüber seiner Familie getrieben war, dass dieser Anspruch zur Folge hatte, dass er sich als Schwindler und Versager betrachtete, und dass sogar die talentiertesten Menschen den Lauf der Welt nur in geringem Maße beeinflussen können. Das hat es ihm auch ermöglicht, engere Beziehungen zu seinen Geschwistern und zu seinen inzwischen alt gewordenen Eltern aufzubauen.

## Intelligenz und Schicksal

An Jeff zeigt sich eine verbreitete Dynamik, die Menschen dazu bringt, die Beschränkungen der Kultur, in der sie aufgewachsen sind, hinter sich zu lassen. Seine überragende Intelligenz, seine natürliche Neugier und seine instinktive Abneigung gegenüber einengenden sozialen Normen machten es ihm unmöglich, jene kleinstädtische Existenz zu führen, in die er hineingeboren wurde.

Dabei handelt es sich um ein Motiv, das sich in vielen Lebensgeschichten liberaler Kosmopoliten findet. Viele von ihnen glauben, sich wegen ihrer angeborenen Intelligenz von ihrem Umfeld zu unterscheiden. Mir ist bewusst, dass ein solcher Satz unter politisch korrekten Linksliberalen einen Aufschrei auslösen kann, schließlich sind sie davon überzeugt, dass Intelligenz in erster Linie von den gesellschaftlichen Umständen abhängt (auch wenn die empirischen Belege darauf hindeuten, dass Intelligenz genetisch determiniert ist). Um es ganz klar festzuhalten: Mir geht es nicht um eine politische, sondern um eine empirische Angelegenheit. Viele Menschen nehmen die Identität liberaler Kosmopoliten an, weil sie denken, dass ihre Umgebung sie daran hindert, ihr intellektuelles Potenzial zu verwirklichen. Das Ergebnis sind komplexe Charakterzüge: Sie lernen, dass sie zumindest intellektuell begabter sind als ihre gleichaltrigen Mitmenschen und häufig auch als ihre Eltern und ihre Lehrer. Dabei übersieht man aber oft, dass genau das sie zu einem Leben in Isolation verdammt. Viele dieser Menschen haben nur wenige gleichaltrige Freunde oder Bekannte, mit denen sie ihre Interessen und Leidenschaften teilen können. Sie gelten als verkopfte Nerds, was sie als Kinder und Jugendliche nicht unbedingt populär macht. Natürliche Gruppen sind für sie eine Quelle der Gefahr. Und das führt zu einer Gemengelage, die für liberale Kosmopoliten typisch ist: eine Kombination aus Überlegenheit, manchmal sogar Arroganz, und einem tiefsitzenden Gefühl der Unsicherheit.

Viele liberale Kosmopolitinnen entfalten erst dann ihr ganzes Potenzial, wenn sie sich schließlich in ein Netzwerk Gleichgesinnter integrieren. In Jeffs Fall war die akademische Welt dieser sichere Hafen. Das erklärt, warum liberale Kosmopoliten häufig meritokratisch eingestellt sind: Sie wollen Stämmen angehören, die Einsatz und Erfolge fordern und diese belohnen, und lehnen Gemeinschaften ab, die durch ein bestimmtes Territorium, eine Ethnie oder Konfession definiert werden.

## 2. Naomi: Rebellion, Universalismus und Schuld

Ich traf Naomi auf einer Israelkonferenz in Paris. Sie war politisch sehr aktiv, und ich hatte schon früher von ihr gehört. Naomi war Teil einer Gruppe, die geltend machte, Juden in der Diaspora hätten das Recht und die Pflicht, israelische Regierungen für falsche und unmoralische politische Maßnahmen zu kritisieren, besonders für die Besatzung des Westjordanlandes und die Errichtung jüdischer Siedlungen dort. Außerdem war sie eine angesehene Literaturwissenschaftlerin. Sie hatte eine ganze Reihe von Büchern über die Dekonstruktion ethnischer, religiöser und geschlechtlicher Identitäten verfasst. Wie andere Forscherinnen in ihrem Feld vertrat sie den Standpunkt, dass es zu politischen und sozialen Problemen führt, wenn man diese Identitäten zu ernst nimmt.

Ich war als Kolumnist von *Haaretz*, Israels wichtigster liberaler Tageszeitung, auf der Konferenz, nicht als Psychotherapeut. Daher überraschte es mich, als Naomi mit folgendem Anliegen an mich herantrat: Sie hatte vor, ein Sabbatical zu nehmen und ein halbes Jahr in Israel zu verbringen, und erkundigte sich, ob sie bei mir eine Therapie absolvieren könne. Sie hatte einige meiner Bücher gelesen und wusste, dass ich Französisch sprach. Ich schlug vor, dass wir nach meiner Rückkehr nach Tel Aviv ein erstes Gespräch via Skype führen könnten, um herauszufinden, ob ich der richtige Therapeut für sie sei.

Zehn Tage später sprachen Naomi und ich miteinander, wobei wir in unseren jeweiligen Büros saßen. Sie war die Tochter polnischer Holocaust-Überlebender, die nach dem Zweiten Weltkrieg in Paris ein neues Leben begonnen hatten. Als Naomi Mitte der fünfziger Jahre geboren wurde, waren ihre Eltern in ihren späten Dreißigern. Sie waren überglücklich, weil sie befürchtet hatten, sie würden keine Kinder mehr bekommen. Naomis Erziehung war von einer zentralen Botschaft geprägt:

Nach der Katastrophe, die das jüdische Volk ereilt hatte, galt es, für den Fortbestand jüdischen Lebens zu kämpfen.

Naomis Eltern waren orthodoxe Juden, aber recht aufgeschlossen. Sie waren Anhänger des einflussreichen französisch-litauischen jüdischen Philosophen Emmanuel Levinas. Nachdem dieser in den sechziger Jahren eine Professur in Paris bekommen hatte, besuchten sie seine Vorlesungen. Naomi wuchs also als orthodoxe Jüdin auf, aber mit starken Sympathien für den säkularen Humanismus.

Ihr Weltbild wurde erschüttert, als sie ein Studium der Philosophie und Literaturwissenschaft aufnahm und mit postkolonialem Denken in Kontakt kam. In den siebziger Jahren war der Kampf der Palästinenser zum wichtigsten Anliegen der postkolonialen Linken geworden. Naomi hörte scharfe Kritik am israelischen Staat, der wie eine Besatzungsmacht agiere. Ihr wurde gesagt, der Zionismus sei ein im Kern rassistisches Unterfangen, und die UN-Resolution 3379 von 1975, in der Zionismus zu einer Form des Rassismus erklärt wurde, sei gerecht und richtig. Im Leben von Naomi begann eine schwierige Zeit: Sie war dazu erzogen worden, Israel ohne jeden Vorbehalt zu unterstützen. Palästinenser waren für sie Terroristen; den Mord an elf israelischen Athleten während der Olympischen Spiele in München 1972 hatte sie als einen grauenhaften Schock erlebt. Nun war sie mit einem alternativen Narrativ konfrontiert, das allem widersprach, was sie zu glauben gelernt hatte.

Bis zu diesem Punkt folgte Naomis Weg einer für nachdenkliche liberale Kosmopolitinnen typischen Entwicklung: In den letzten Schuljahren oder während ihrer ersten Semester an der Universität sind sie Ansichten ausgesetzt, die sie zuvor nicht kannten. Zum ersten Mal sind sie herausgefordert, ihre Weltanschauung zu überdenken.

Naomi hatte das Gefühl, mit ihren Eltern nicht über ihre veränderte Einstellung zu Israel sprechen zu können. Sie hatten zu viel durchgemacht. Also nahm sie all ihren Mut zusammen und kontaktierte den Guru ihrer Eltern, Emmanuel Levinas. Zu ihrer Überraschung erklärte er sich bereit, sie zu treffen. Das Gespräch an der Sorbonne würde Naomi nie vergessen: Sie erzählte Levinas von ihren Eltern, von ihrer Herkunft, davon, was sie an der Universität gelernt hatte und wie hin und her gerissen sie sich fühlte. Zu ihrem eigenen Entsetzen fing sie an, unkontrolliert zu weinen. Levinas hörte zunächst schweigend zu und sagte dann, dass er sie verstehe und dass auch sein Herz zerrissen sei. Er bat sie, ihn nicht öffentlich zu zitieren, weil er sich prinzipiell nicht zum Zeitgeschehen äußere und Israel nicht öffentlich kritisiere. Aber, fügte er hinzu, er denke, dass die Besatzung palästinensischer Gebiete in der Tat falsch sei. Naomi solle einen Weg finden, ihre Bedenken zu äußern, ohne dabei Israels Existenz per se infrage zu stellen.

Zur selben Zeit kamen Naomi Zweifel am orthodoxen Judentum. Für sie war es inakzeptabel, dass jüdischen Frauen der Zugang zu religiösen Ämtern verwehrt war und dass sie in eigenen Bereichen in der Synagoge beten mussten. Sie hatte Schwierigkeiten mit der Vorstellung, dass Frauen fast den halben Monat, während der Menstruation und der darauf folgenden Woche, als unrein galten. Ganz allgemein wollte sie nicht einfach unwidersprochen männlichen Autoritäten folgen. Mit der Zeit fand sie liberalere Gemeinden. In einer von ihnen lernte sie ihren zukünftigen Mann kennen, einen Arzt. Er war nett und sah gut aus, und sie begriff schnell, dass er ein ergebener Ehemann und Vater sein würde.

Ihre Bedenken hinsichtlich der Rolle von Identität und Geschlecht machte sie zum Schwerpunkt ihrer akademischen Arbeit. Sie wollte zeigen, dass unterschiedliche Formen für selbstverständlich gehaltener Identitäten lediglich soziale Konstruktionen waren, die Menschen davon abhielten, frei zu sein. Sie verbündete sich mit postmodernen Autoren, die Vorstellungen geschlechtlicher, nationaler oder ethnischer Identität dekonstruierten.

Als ihre Eltern gestorben waren, trat sie einer linken Gruppe bei, die das Existenzrecht des jüdischen Staates verteidigte, zugleich aber dessen Politik im Westjordanland und im Gazastreifen vehement kritisierte. »Das hätte ich nicht tun können, während sie noch am Leben waren. Es hätte ihnen das Herz gebrochen«, sagte sie mir.

Fast die gesamte erste Sitzung lang erzählte mir Naomi von ihrer Herkunft und wie sie aufgewachsen war. Es verblieben lediglich zwanzig Minuten, und ich fragte sie, ob sie bei etwas Bestimmtem Hilfe brauche. Sie zögerte eine Weile und sagte dann: »Ich habe meinen Ehemann in den letzten zwanzig Jahren immer wieder betrogen. Ich hatte viele Affären. Ich bin ein moralisches Monster. Aber ich kann einfach nicht damit aufhören.« Wie sich herausstellte, hatte diese stilsichere, schöne, fast aristokratische Frau über viele Jahre ein Doppelleben geführt. Hotelpagen hatte sie genauso verführt wie erfolgreiche Geschäftsmänner. In der Regel entstand während dieser Affären keine emotionale Tiefe, auch wenn einige von ihnen Jahre andauerten.

Naomi fühlte sich miserabel. Sie glaubte, dass ihr zwanghaftes Verhalten so viel von ihrer Energie in Anspruch genommen hatte, dass sie ihren zwei mittlerweile erwachsenen Kindern keine gute Mutter gewesen war. Naomi fürchtete, dass ihr Ehemann wusste, was sie tat, und es stillschweigend hinnahm. Er hatte sie nie zur Rede gestellt, aber sie hatte das Gefühl, dass er über die Jahre schwach und verbittert geworden war.

Gegen Ende der Auftaktsitzung ließ sie fast beiläufig noch etwas fallen, das sich als Schlüssel zu ihrem zwanghaften Verhalten herausstellen sollte: Kein einziges Mal hatte sie eine Affäre mit einem jüdischen Mann gehabt, obwohl sie in den gesellschaftlichen und akademischen Kreisen, in denen sie sich bewegte, viele Juden traf. Ich sagte zu ihr: »Naomi, Sie haben eine komplexe Biografie und eine komplizierte Identität. Ich weiß noch nicht, warum Sie sich genötigt fühlen, Dinge zu tun, für die sie sich schuldig fühlen. Wir werden herausfinden müssen, welche Bedeutung Sie mit Liebe, Loyalität und Verlangen verknüpfen. Vielleicht stellt sich heraus, dass ihre Konflikte hinsichtlich ihrer politischen Identität sowie die hinsichtlich ihrer Rolle als Ehefrau und Mutter miteinander zusammenhängen. Aber das wird einige Zeit brauchen.«

## Untreue und Schuld

Naomi war von der Therapie über Skype nicht angetan und versuchte daher, so oft wie möglich in Israel zu sein. Schließlich verbrachte sie dort ein Sabbatical, und wir konnten unsere Sitzungen von Angesicht zu Angesicht abhalten. Wie Jeff und viele andere liberale Kosmopoliten hatte Naomi tiefe Schuldgefühle gegenüber ihren mittlerweile verstorbenen Eltern, auch wenn sie ihnen nichts von ihrer schrittweisen Abkehr vom orthodoxen Judentum erzählt hatte. Allerdings war sie davon überzeugt, dass ihre Eltern instinktiv Bescheid gewusst hatten. Wenn Naomi freitagabends bei ihnen zu Hause aß, hatten sie nie gefragt, wie sie zu ihnen gekommen war, obwohl klar gewesen war, dass sie nicht gelaufen sein konnte. Weil die Wahrheit bis zum Tod ihrer Eltern unausgesprochen geblieben war, wusste sie nicht, wie viel Schmerz sie ihnen bereitet hatte.

Der Konflikt mit den Eltern war in Naomis Fall nicht bloß persönlicher Natur. Er berührte Fragen, die seit dem Zweiten Weltkrieg für die meisten Juden, ob religiös oder nicht, zentral geworden waren: Wie sollte man nach dem Holocaust leben und wie konnte man ein Leben führen, das an die Opfer erinnerte? Fast die gesamten Familien ihrer beiden Elternteile waren von den Nazis ermordet worden. Naomis Eltern litten an einer tiefsitzenden Überlebensschuld. Ihr Dasein war von dem permanenten Versuch geprägt, der Erinnerung an die Verstorbenen gerecht zu werden. Für Naomis Eltern bedeutete das in erster Linie, ein Leben als orthodoxe Juden zu führen. Es bedeutete außerdem, den Staat Israel als Symbol und als Realität der Auferstehung des jüdischen Volkes aus der Asche der Vernichtungslager bedingungslos zu unterstützen. Sie waren in Organisationen aktiv, die Geld sammelten, um Projekte in Israel zu unterstützen. Sie verteidigten Israel gegen seine Kritiker, besonders aufseiten der politischen Linken.

Ihre Eltern hatten kein weiteres Kind bekommen, so dass klar war, dass nun Naomi die Bürde würde tragen müssen, die sie zunächst sich selbst aufgeladen hatten. Als Naomi heiratete und zwei Kinder bekam, waren ihre Eltern überglücklich. Mit ihrem Beitrag zum Fortbestand des jüdischen Volkes hatten sie alles in ihrer Macht Stehende getan, um ihr eigenes Überleben zu rechtfertigen. Das bedeutete aber auch, dass Naomi mit ihrer Abkehr vom orthodoxen Judentum und ihrer Kritik an der Politik Israels nicht nur ihre Eltern verriet, sondern auch die dreitausendjährige Leidensgeschichte der Juden. Aus diesem Grund erzog Naomi ihre eigenen Kinder trotz aller Bedenken ein Stück weit gemäß der jüdischen Tradition. Da ihr Ehemann sich dieser Tradition aufrichtig verpflichtet fühlte, fiel ihr das leicht.

Nach dem Tod ihrer Eltern widmete Naomi ihre intellektuelle Energie der Dekonstruktion jenes Narrativs, von dem sie glaubte, es nehme ihr und vielen anderen Jüdinnen und Juden ihrer Generation die Freiheit, ihre Leben nach selbstgewählten Werten zu führen. Während unserer Sitzungen versuchte ich, gemeinsam mit ihr herauszufinden, wie dieses intellektuelle Projekt und ihre tiefsitzenden und teils unbewussten Konflikte miteinander zusammenhingen. Monatelang weigerte sie sich vehement, diese Möglichkeit auch nur in Erwägung zu ziehen. Ich begann zu verzweifeln, weil ich glaubte, dass Naomi eine Spaltung in ihrer Psyche herbeigeführt hatte: Einerseits sah sie sich selbst als eine intellektuelle Befreierin, die die neue, postmoderne Konzeption von Freiheit unter ihren Studenten und Leserinnen verbreitete. Andererseits fühlte sie sich gezwungen, immer neue Affären einzugehen, während sie unter erdrückenden Schuldgefühlen litt. Es war, als gebe es zwischen diesen beiden Seiten ihres Lebens keinerlei Vermittlung.

Nachdem ungefähr die Hälfte von Naomis Sabbatical vorüber war, äußerte ich meine Ratlosigkeit: »Sie haben mich nun schon einige Male gefragt, ob ich Ihnen mit Ihrem zwanghaften sexuellen Verhalten und der enormen Schuld, die Sie deswegen fühlen, helfen könne. Aber Sie weigern sich, auch nur darüber nachzudenken, ob Ihr zwanghaftes Verhalten und Ihre Schuldgefühle etwas mit noch tiefer sitzenden Schuldgefühlen zu tun haben könnten: gegenüber Ihren Eltern und, wie mir scheint, gegenüber dem jüdischen Volk, insbesondere gegenüber den Mitgliedern Ihrer Familie, die sie nie kennengelernt haben, weil sie ermordet wurden.«

Naomi explodierte: »Ich habe Sie aufgesucht, weil ich auf psychoanalytische Einsichten gehofft habe, und jetzt bekomme ich eine moralistische Indoktrination! Sie wollen mir erzählen, dass ich meinen Ehemann betrüge und meinen Kindern nicht das gebe, was sie verdienen, weil ich mich dem jüdischen Volk gegenüber schuldig fühle und nicht weil ich unter sexuellem Zwangsverhalten leide? Und als Nächstes erzählen Sie mir dann, dass ich ultraorthodox werden und mein Haar mit einer Perücke bedecken soll? Und dass ich mich von meiner intellektuellen Arbeit distanzieren, meine Studenten zum orthodoxen Judentum bekehren und nach Israel ziehen soll? Ich hatte ja keine Ahnung, dass sich hinter der Fassade des liberalen Therapeuten ein zionistischer Eiferer verbirgt, der sich nie von seinen orthodoxen Wurzeln emanzipiert hat! Ich denke, ich sollte meine Tasche holen, von hier verschwinden und nie wiederkommen.«

Ich hob meine Hände als Geste der friedlichen Kapitulation:

»Naomi, erstens können Sie natürlich jederzeit gehen, wenn Sie es wünschen. Zweitens sehe ich meine Aufgabe nicht darin, Ihnen zu sagen, was Sie zu tun haben, und ganz sicher nicht darin, Sie dazu zu bewegen, das orthodoxe Judentum und den bedingungslosen Zionismus Ihrer Eltern anzunehmen. Ich möchte Ihnen verstehen helfen, warum Sie weiter Ihren Mann betrügen, obwohl Ihnen das keine Freude bereitet, sondern Ihre grenzenlose Schuld steigert. Ich habe nicht vergessen, was Sie in unserer ersten Sitzung gesagt haben: ›Ich bin ein moralisches Monster.‹ Zwanghaftes Verhalten ist per definitionem etwas, zu dem wir uns gezwungen fühlen. Ich sage *nicht*, dass Sie mit Ihren Affären aufhören müssen. Aber ich biete Ihnen die Möglichkeit, über die tieferen Ursachen Ihres Verhaltens und seine Bedeutung nachzudenken.«

»Aber was zur Hölle haben meine sexuellen Eskapaden mit dem Schicksal des jüdischen Volkes zu tun?«, fragte sie skeptisch.

»Darauf kann ich lediglich mit einer Hypothese antworten«, entgegnete ich. »Ich denke, mit Ihrer intellektuellen Arbeit haben Sie versucht, Ihre Schuld gegenüber Ihren Eltern auszulöschen. Ich fürchte, Sie haben sich nur auf einer bewussten Ebene befreit, auf der unbewussten fühlen Sie sich weiterhin schuldig. Wichtige Lebensentscheidungen haben Sie im Sinne Ihrer Eltern getroffen: Sie haben zum Beispiel einen traditionell eingestellten jüdischen Mann geheiratet und mit ihm Kinder bekommen. Allerdings scheint mir, dass Sie sich mit dem, was Sie für Ihre Eltern getan haben, noch immer nicht ganz wohlfühlen. Sie fühlen sich gefangen in einem Schicksal, dem Sie nicht entkommen konnten. Sie sind das Kind zweier Holocaust-Überlebender, die Ihnen eine enorme Last aufgebürdet haben. Ihre Affären sind Ihr Mittel, um sich selbst zu vergewissern, dass Sie sich ein bestimmtes Maß an Freiheit bewahrt haben. Zugleich kanalisieren Sie durch Ihre Affären das entsetzliche Gefühl, Ihr eigenes Volk verraten zu haben –

was vermutlich auch einer der Gründe dafür ist, dass Sie nie Affären mit Juden eingegangen sind.«

Naomi schwieg. Dann fragte sie mich: »Warum habe ich dann das Gefühl, dass Sie aus mir wieder eine ›gute Jüdin‹ machen wollen?«

»Naomi, ich muss Ihnen nicht erklären, was Übertragung ist – Sie kennen sich aus mit der Theorie der Psychoanalyse. Ich denke, tief in Ihrem Inneren können Sie nicht anders, denn sich als Monster zu fühlen. Und obwohl Sie meine intellektuellen und politischen Ansichten kennen, haben Sie mich auf einer unbewussten Ebene zu einem Rabbi gemacht, der Sie als ›schlechte Jüdin‹ verurteilt und versucht, Sie in Ihren ursprünglichen Stamm zurückzuholen.«

Diese Sitzung sollte eine schrittweise Veränderung in Gang setzen. Nach dem Ende ihres Sabbaticals hielten wir weiter Sitzungen per Skype ab, auch wenn sie Naomi nach wie vor missfielen. Wenn sie in Israel war, trafen wir uns. Sie hatte fast keine Affären mehr. Gleichzeitig erkannte sie, dass sie ihren Ehemann zwar respektierte und ihm vertraute, ihn aber nicht liebte, und dass sie als junge Erwachsene ihre Entscheidungen vor allem für ihre Eltern und nicht für sich selbst getroffen hatte. Das führte anfangs zu Wutanfällen: »Wie konnte ich nur mein Leben für sie verschwenden?«, brüllte sie dann.

Ich konnte ihre Wut und ihren Schmerz sehr gut verstehen und gab ihr Raum, beides zum Ausdruck zu bringen. In einer unserer Sitzungen kam mir ein Gedanke, den ich ihr mitteilte: »Vielleicht lässt sich der Konflikt zwischen Ihrer emotionalen Verbundenheit gegenüber Ihrer Familie und Ihrem leidenschaftlichen Glauben an das universelle Recht auf individuelle Freiheit nicht auflösen. Aber vielleicht gibt es eine Möglichkeit, mit diesem Konflikt zu leben, der Ihnen weniger Schmerzen bereitet. Ich meine nicht, dass Sie eine ›gute Jüdin‹ werden sollen – was immer das bedeuten mag –, sondern dass Sie sich damit abfinden, dass der Konflikt nicht zu lösen ist.«

Wie bei Jeff kann ich auch im Fall von Naomi leider nicht sagen, dass sie am Ende der Behandlung wirklich Frieden gefunden hat. Wir waren beide der Auffassung, dass sie weniger mit Angst und Schuld beladen war und dass ihre sexuellen Obsessionen nachließen. Meiner Erfahrung nach tragen die Kinder von Holocaust-Überlebenden jedoch die Narben entsetzlicher Traumata ihrer Eltern und Familien in ihrer Seele, und diese Narben lassen sich nicht weganalysieren.

## Zwischen Familie, Stamm und Menschheit

Naomis Geschichte ist ihre ganz eigene. Allerdings gibt es überall auf der Welt liberale Kosmopoliten – seien sie nun Christen, Muslime, Juden oder Hindus –, die sich hin- und hergerissen fühlen zwischen Stammesloyalitäten und dem ethischen Universalismus, den uns die Vernunft vorschreibt. Naomis Schicksal exemplifiziert eines der schwierigsten Dilemmata liberaler Kosmopolitinnen: Wie alle anderen Menschen werden auch sie in eine bestimmte Familie, Nation, Kultur und Religion hineingeboren, die Loyalität verlangen. Unsere Nation sagt uns, dass wir auf unsere Geschichte und unsere Kultur stolz sein sollen; unsere Religion sagt uns, dass wir ihre Propheten und ihre Autorität respektieren sollen; unsere Kultur sagt uns, dass wir uns über eine bestimmte Sprache usw. definieren sollen. Natürlich sind Konflikte rund um die Nation, die Religion und den Stamm nichts Neues. Seit der biblischen Geschichte von Rut, der Moabiterin, und dem antiken Drama handelt es sich um ein wiederkehrendes Thema in der Literatur. Unsere Ära ist in dieser Hinsicht allerdings eine besondere historische Epoche: Die Idee universeller Menschenrechte entwickelte sich zwar bereits während der Renaissance, aber erst nach dem Zweiten Weltkrieg hat sie konkrete Formen angenommen.

Die von der Generalversammlung der Vereinten Nationen 1948 verkündete Allgemeine Erklärung der Menschenrechte stellte einen ersten Versuch dar, einen Rahmen zu etablieren, an dem sich jede politische und rechtliche Ordnung messen lassen muss. Seit den siebziger Jahren ist aus diesem Paradigma eine Vielzahl von Institutionen und Nichtregierungsorganisationen hervorgegangen, die vor Menschenrechtsverletzungen Schutz bieten sollen. Dieses Paradigma wird zunehmend zur Quelle politischer und rechtlicher Legitimität sowie zur Grundlage internationaler Kritik an Staaten, die gegen die Menschenrechte verstoßen. Das abstrakte Ideal einer ungeteilten Menschheit wird mehr und mehr zur gelebten Realität. Eine der charakteristischen Eigenschaften liberaler Kosmopoliten ist, dass sie die Idee universeller Menschenrechte als zentralen Wert instinktiv akzeptieren. Der Anspruch einer Nation oder einer Religion, anderen intrinsisch überlegen zu sein, bringt sie mehr als alles andere auf die Barrikaden. Der ethische Universalismus führt somit fast zwangsläufig zu Konflikten mit den Ansprüchen der Nation und der Religion auf bedingungslose Loyalität. Entsprechende Dramen spielen sich überall auf der Welt ab und werden uns wahrscheinlich noch lange Zeit begleiten.

Gerade Jüdinnen und Juden erleben diesen Konflikt besonders intensiv. Einerseits hat der Holocaust zu einem noch engeren Zusammengehörigkeitsgefühl geführt, andererseits zogen viele liberale Juden aus der Shoah eine andere moralische Konsequenz. Sie lautet nicht: »Nie wieder dürfen wir zulassen, dass uns Juden so etwas angetan wird«, sondern »Nie wieder dürfen wir zulassen, dass irgendjemandem so etwas angetan wird, unabhängig von Hautfarbe, Glaube oder Nationalität«.

## 3. Dan: Erfolg ist nicht genug

Dan hatte mir aus New York eine Mail geschrieben. Er nannte die Daten, wann er in Tel Aviv sein würde, und fragte nach einem Termin. Dan war Anfang fünfzig und pendelte zwischen London, Tel Aviv und New York. Nun saß er in meinem Büro. Nie wäre ich auf die Idee gekommen, dass dieser drahtige Mann noch vor ein paar Jahren ziemlich übergewichtig gewesen war. Sein Schädel war frisch rasiert, und er trug die klassische Uniform der Hightechunternehmer: Jeans, T-Shirt, Sneaker.

»Ich muss endlich rausfinden, was mir wirklich etwas bedeutet. Vor fünfzehn Jahren habe ich ein Start-up gegründet, das ich später an die Börse gebracht habe. Heute ist es im Nasdaq gelistet. Ich muss im Prinzip nicht mehr arbeiten: Für meine Kinder und selbst für die noch nicht geborenen Enkel habe ich gesorgt. Nicht im Traum hätte ich gedacht, dass es ein Problem sein könnte, nicht mehr arbeiten zu müssen und endlich überlegen zu können, was einem eigentlich wichtig ist. Ziemlicher Schock, wenn man merkt, dass man darauf keine Antwort hat …

Seit ich mich vor paar Jahren aus der aktiven Leitung der Firma zurückzog, habe ich einige Sachen ausprobiert. Alles begann damit, dass mein Arzt sagte, mein Cholesterinwert sei viel zu hoch und überhaupt habe er kein gutes Gefühl, was meinen Gesundheitszustand angehe. Er meinte, ich solle mehr Sport machen. Das wurde schnell zu einer Obsession: Ich heuerte einen Lauftrainer an und nahm zwanzig Kilo ab. Achtzehn Monate nachdem mein Arzt mir die Leviten gelesen hatte, absolvierte ich meinen ersten Marathon. Heute laufe ich fünf im Jahr. Bei den wichtigen Rennen melde ich mich schon drei Jahre im Voraus an.«

Da war es – ein klassisches Thema der neuen liberalen Eliten:

In ihrem sozialen Umfeld lautet eine wie in Stein gemeißelte Norm, dass man stets Sport treiben und sich fit halten muss. Für Leute wie Dan sind Marathons eine geradezu paradigmatische Aktivität, die Termine strukturieren ihr Jahr, sie richten ihre Trainingspläne danach aus, überwachen peinlich genau ihre Körper. In der Regel gehen sie zwar auch ins Fitnessstudio, allerdings nicht um Muskelmasse aufzubauen, Gott behüte: Worauf es ihnen ankommt, sind Beweglichkeit und Ausdauer, also Eigenschaften, die man mit Gesundheit und Leistungsfähigkeit assoziiert.

»Nun kann man natürlich nicht sein ganzes Leben mit Marathonlaufen verbringen, weshalb ich angefangen habe, mich philanthropisch zu engagieren. Ich sitze im Aufsichtsrat einer Menschenrechtsorganisation. Ich investiere in Start-ups und betreue Nachwuchsunternehmer als Mentor. Und dann finanziere ich noch eine Forschungsgruppe, die herausfinden soll, wie man verhindern kann, dass die sozialen Medien die Demokratie zerstören. Ich mache also all die Sachen, die angeblich gut für die Menschheit sind und einem Leben Sinn verleihen. Mein Problem ist nur: Das fühlt sich überhaupt nicht sinnvoll an! Stattdessen habe ich bloß das Gefühl, ich würde verzweifelt daran arbeiten, dass mein Terminkalender nie leer ist.

Zu allem Überfluss stecke ich auch noch mitten in einer Ehekrise. Wir haben geheiratet, als ich fünfundzwanzig war, vor drei Jahren feierten wir unsere Silberne Hochzeit. Schon damals war ich mir nicht mehr sicher, ob das für mich noch lange funktionieren würde. Damit kein falscher Eindruck entsteht: Ich habe großen Respekt für meine Frau. Sie war immer unglaublich gut zu mir und hat unsere drei Kinder großartig erzogen, während ihr Ehemann sechzehn Stunden am Tag im Büro saß. Aber ich hatte einfach irgendwann das Gefühl, dass wir in einer Sackgasse gelandet sind. Seither nutze ich jede Gelegenheit, um mich nicht in derselben Stadt aufzuhalten wie sie. Ich hatte auch ein paar Affären …«

Er kam ins Stocken, plötzlich schien ihm das Ganze peinlich zu sein: »O mein Gott, das muss sich wie das Klischee einer Midlife-Crisis anhören.«

»Dan«, entgegnete ich, »selbst wenn sich solche Fragen typischerweise in der Mitte des Lebens stellen, ist es immer noch *Ihr* Leben, und wir müssen *Ihren* Weg finden, damit Sie es wieder als bedeutungsvoll empfinden.«

Sein Gesichtsausdruck veränderte sich schlagartig, er sah mich ernst, ja beinahe wütend an: »Glauben Sie wirklich an dieses ganze Blabla von wegen Bedeutung und Sinn? Mir kommt das alles wie ein Riesenschwindel vor. Es gibt keinen tieferen Sinn: Entweder man tut etwas, was man interessant findet – oder nicht.«

Sein intensiver Tonfall überraschte mich ein bisschen. Bis zu diesem Augenblick hatte er entspannt, ja beinahe amüsiert geklungen. »Ich habe mit keinem Wort behauptet, dass es so etwas wie objektiven Sinn gibt«, antwortete ich, »aber Sie werden mir wohl darin zustimmen, dass wir manche Dinge als bedeutungsvoll wahrnehmen und andere nicht. Es geht nicht nur um Spaß.«

Nun strahlte er plötzlich tiefen Schmerz aus. »Entschuldigen Sie, dass ich Sie so angegiftet habe. Sie haben da wohl einen Nerv getroffen. Tatsächlich beschäftigt mich diese Frage die ganze Zeit: Mache ich etwas Bedeutendes? Oder genauer: Habe ich überhaupt je etwas von Bedeutung getan? Klar, ich habe einen Haufen Geld verdient und Hunderte und indirekt Tausende von Jobs geschaffen. Das Produkt, das ich entwickelt habe, steckt in Millionen von Servern. Und dennoch denke ich immer wieder: Es gibt Konkurrenzprodukte, die fast genauso gut sind wie meins. Wahrscheinlich ginge es der Menschheit keinen Deut schlechter, wenn ich nie geboren worden wäre. Keine Ahnung, wahrscheinlich macht es überhaupt keinen Unterschied, ob es mich gibt oder nicht.«

Er kehrte zu seinem humorvollen Ton zurück: »Sie wollen

jetzt wahrscheinlich hören, dass das schon ein paar Jahre so geht, und dann passe ich noch besser in Ihr Raster: Midlife-Crisis, Bewusstsein der eigenen Sterblichkeit, plötzlich stellt sich die große Sinnfrage. Und natürlich laufe ich auch noch Marathon, um mir und den anderen zu beweisen, dass das Alter mir nichts anhaben kann.«

Im ersten Schritt galt es, Dan klarzumachen, dass er aufhören sollte, sich permanent selbst in irgendwelche Schubladen zu stecken. Stattdessen musste er eine größere Sensibilität für seine eigenen Gefühle entwickeln. »Dan, ich habe keine Ahnung, was ich von Ihnen hören will – außer dass ich gerne wissen würde, was Sie erlebt haben und wie Sie so geworden sind, wie Sie heute sind. Natürlich gibt es diese Muster, die immer wieder auftauchen. Es wird Ihnen aber nichts bringen, sich in irgendwelche diagnostischen Kategorien zu packen. Worauf es für uns beide hier ankommt, ist, dass wir Ihr ganz eigenes Leben verstehen. Und wenn ich das so offen sagen darf: Sie machen sich dieses Leben sicher nicht einfacher, wenn sie es daran messen, ob Sie die Menschheit insgesamt vorangebracht haben.«

Er sah mich mit einem intensiven Blick an: »Nun, es mag größenwahnsinnig klingen, aber ich glaube wirklich, dass das Leben irgendwie sinnlos ist, wenn man keine Spuren hinterlässt. Hat nicht jeder Mensch dieses Gefühl?«

»Den meisten Leuten kommt es vor allem darauf an, dass sie denjenigen etwas bedeuten, die ihnen nahestehen. Familie, Freunde, Kollegen«, antwortete ich. »Mein Eindruck ist, dass Sie viel mehr von sich verlangen als die meisten anderen.«

Er schüttelte den Kopf: »Aber ist das nicht einfach nur logisch? Ich habe mehr Geld, als ich jemals brauchen werde. Ich kann jede Person kennenlernen, die ich kennenlernen möchte. Ich habe jede Menge Erfahrung – bedeutet das nicht auch eine Verpflichtung?«

# Dans therapeutische Reise

Schon bald zeichnete sich ab, dass Dans Probleme ein wenig tiefer reichten, als er ursprünglich dargelegt hatte. Nach ein paar Sitzungen vermutete ich, dass Dan gegen eine drohende Depression ankämpfte und dass seine Sportobsession ein Weg war, sich dagegen zu wehren. Als ich ihn zu seiner Familiengeschichte befragte, stellte sich heraus, dass er wahrscheinlich eine starke genetische Disposition hatte: Sowohl seine Mutter als auch sein Vater hatten unter depressiven Schüben gelitten, die nicht behandelt worden waren, bis Anfang der neunziger Jahre Selektive Serotonin-Wiederaufnahmehemmer auf den Markt kamen. Eine seiner beiden Schwestern (die Jüngste in der Familie) litt unter ähnlichen Problemen. Dan musste in einer ziemlich tristen Atmosphäre aufgewachsen sein. Sein Vater hatte es als Geschäftsmann im England der fünfziger und sechziger Jahre zu bescheidenem Erfolg gebracht, allerdings machte ihm sein Beruf keinen sonderlichen Spaß. Er erinnerte sich jedoch nur allzu gut an die Zeit der Weltwirtschaftskrise, als seine Familie alles verloren hatte, und war froh, dass er seiner eigenen Familie ein vernünftiges Auskommen bieten und seinen Kindern das Studium finanzieren konnte. Wie viele andere Frauen ihrer Generation war Dans Mutter Hausfrau. Sie war intelligent, neugierig und eine begeisterte Leserin, stellte ihre Rolle allerdings nie infrage, auch wenn sie zutiefst unzufrieden und unglücklich war. Wenn die Kinder aus der Schule kamen, fragte sie sie pflichtschuldig, wie ihr Tag gewesen war, und versuchte, sie ebenfalls fürs Lesen zu begeistern. Doch Dan konnte sich nicht für die Romane und Geschichtsbücher erwärmen, die ihr besonders am Herzen lagen. Im Gegenzug entwickelte er früh ein großes Interesse an Naturwissenschaften und Technik. Nachdem er in England einen ersten Universitätsabschluss erworben hatte, wollte er nicht länger in der unmittelbaren Nähe seiner Eltern leben, weil er das Gefühl hatte, diese

Nähe mache ihn depressiv. Also bat er seinen Vater um ein Darlehen, um sein Studium in den Vereinigten Staaten fortsetzen zu können. Sein Vater war einverstanden. In den USA bekam er bereits nach einem Jahr ein Stipendium. Er studierte Informatik, ein Feld, das ihn schon immer fasziniert hatte. Es waren die Jahre, als die ersten Hightechunternehmen zu internationaler Prominenz gelangten, und Dan spürte, dass dies die Gelegenheit war, ein ganz anderes Leben zu leben als das seiner Eltern. Er schwor sich, später selbst ein Start-up zu gründen, das nicht nur ihn selbst reich machen und in die Lage versetzen sollte, seinem Vater das Darlehen zurückzuzahlen, sondern er wollte genug Geld verdienen, um seinen Vater von der betäubenden Routine seiner Geschäfte zu befreien.

Dan war ehrgeizig, aber auch vorsichtig. Er heuerte zunächst bei einigen führenden Technologiekonzernen an, um die Business-Seite des Geschäfts kennenzulernen: Marketing, Finanzen, Vertrieb. Schon bald war Dan klar, dass ihm Forschung und Entwicklung nicht sonderlich lagen und dass er einen Partner brauchte, der davon mehr Ahnung hatte. Zum Glück traf er wenig später einen anderen brillanten Nachwuchsinformatiker, der jemanden suchte, um eine vielversprechende Idee voranzutreiben, die er in seiner Doktorarbeit entwickelt hatte. Die beiden bekamen Geld von privaten Investoren und machten eine Firma auf, bald stiegen institutionelle Anleger ein. Dan merkte, dass er Talent darin hatte, Menschen von seinen Visionen zu überzeugen, und trieb den Aufbau der Firma mit Hochdruck voran. Alles lief gut, in den Medien brach ein regelrechter Hype aus. Im nächsten Schritt ging es nun darum, eine Investmentbank zu finden, um das Unternehmen an die Börse zu bringen. Nachdem auch das geschafft war, signalisierte einer der Marktführer Interesse, die Firma zu übernehmen. Die beiden Partner verkauften den Großteil ihrer Aktien und wurden endgültig reich.

Dan hatte in seiner Doktorandenzeit geheiratet; seine Frau

führte den Haushalt und kümmerte sich um die Kinder. Er selbst war selten zu Hause, ernährte sich von Sandwiches, die sie in die Firma bestellten, vernachlässigte seinen Körper – und hatte bis zum Verkauf des Unternehmens praktisch keinen Kontakt zu seinen Kindern, da er auch die Wochenenden durcharbeitete. Als er genug Geld zusammenhatte, machte er seinem Vater das Angebot, ihn aus der Firma herauszukaufen, die dieser aufgebaut hatte. Sein Vater realisierte wohl, dass Dans Angebot deutlich über dem eigentlichen Wert lag; doch er war bereits Anfang siebzig und so erschöpft, dass er akzeptierte und sich schließlich zur Ruhe setzte. Dan engagierte einen Manager, der die Geschäfte weiterführte, obwohl sie nicht profitabel waren. Ihm war es allein darum gegangen, seinen Vater aus den Mühlen seines unglücklichen Daseins zu befreien.

Als Dan merkte, dass sein Vater seine neue Freiheit nicht genießen konnte, stürzte ihn das in eine Krise. Er ermunterte seinen Vater, mit dem Golfen anzufangen oder andere Hobbys auszuprobieren, doch dieser fiel nach und nach in ein Loch der freudlosen Inaktivität. Seiner Mutter erging es ähnlich. Er konnte sie zwar überreden, eine Haushaltshilfe anzustellen, die sie entlastete; zu den luxuriösen Reisen, die sie sich nun hätten leisten können, waren seine Eltern allerdings nicht mehr in der Lage. Dan war perplex und dachte über seine eigene Situation nach. Ging es ihm nicht ganz ähnlich wie seinem Vater? Er war reich, aber übergewichtig – und hatte keine Ahnung, was er mit seiner vielen freien Zeit anfangen sollte. Er suchte seinen Hausarzt auf, und die Geschichte, die ihn in meine Praxis führen sollte, nahm ihren Lauf.

Die therapeutische Arbeit mit Dan war in vielerlei Hinsicht einfacher als mit den vier anderen Patientinnen, deren Fälle ich auf diesen Seiten schildere. In seiner Familiengeschichte gab es keine Tragödien, und er hatte seinen großen Traum verwirklicht, sich bei seinen Eltern dafür zu revanchieren, dass diese ihm ein einfacheres und besseres Leben ermöglicht hatten. Die Idee, mich zu kontaktieren, war ihm gekommen, nachdem er mein Buch *Die Angst vor der Bedeutungslosigkeit* gelesen hatte. Tatsächlich war genau das sein Hauptproblem: Er hatte in einem Tunnel gelebt, bis der Erfolg seines Unternehmens feststand – und realisierte dann, dass er die Jahre zwischen zwanzig und vierzig vollkommen verpasst hatte. Er hatte kaum Spaß gehabt, keine Freundschaften gepflegt, seine Ehe beschränkte sich auf das gemeinsame Management familiärer Angelegenheiten. Seine Frau war frustriert, da sie die Chance verpasst hatte, ihr eigenes Potenzial zu verwirklichen. Einige Male sagte Dan bitter zu mir: »Habe ich es wirklich besser gemacht als meine Eltern?«

Viele unserer Sitzungen drehten sich um seine Angst vor der Bedeutungslosigkeit. Er las mein Buch noch einmal, wir diskutierten ausführlich darüber, er blieb allerdings skeptisch: Es gab in seiner Generation doch Menschen, die die Welt *wirklich* verändert hatten! Ich sagte ihm immer wieder, dass viele der Leute, die er bewunderte, genau dieselben Probleme hatten wie er.

Auch nachdem die eigentliche Therapie abgeschlossen war, trafen wir uns noch gelegentlich zu Sitzungen. Er erzählte mir, er habe ein Interview mit Barack Obama gelesen, in dem der ehemalige US-Präsident sich resigniert zu seinem Vermächtnis geäußert hatte, das nun ihm Begriff stand, von Trump hinweggewischt zu werden. »Acht Jahre lang war er der mächtigste Mann der Welt«, meinte Dan, »schon seine Wahl war ein historischer Meilenstein – und dennoch hat er das Gefühl, nichts von Bedeutung hinterlassen zu haben. Vielleicht sollte ich wirklich aufhören, mich mit der Frage zu quälen, ob ich die Welt irgendwie verändert habe …«

# Angst vor der Bedeutungslosigkeit

Dans Zwickmühle war mir wohlvertraut. Ich hatte schon oft mit liberalen Kosmopoliten gearbeitet, die früh im Leben große Erfolge gehabt hatten und nun unter der existenziellen Sorge litten, nicht genug aus ihren Möglichkeiten gemacht zu haben (Strenger 2016 [2011]). Tatsächlich liegt die Messlatte für sie heute besonders hoch, schließlich gab es wohl nie in der Menschheitsgeschichte so viele Persönlichkeiten, die in jungen Jahren und in relativ kurzer Zeit riesige Reichtümer angehäuft haben (Reich 2005).

Der Rest von uns ist daher stets mit der Frage konfrontiert, ob wir uns wirklich genug angestrengt haben. Doch Begabung und Fleiß sind nur das eine, dazu kommen stets schwer greifbare Faktoren wie Glück, Timing, Zufall oder wie auch immer wir jene flüchtigen Variablen nennen wollen, die letztendlich über Erfolg oder Scheitern entscheiden. In vielen Jahren der therapeutischen Praxis bin ich jedenfalls zu der Überzeugung gelangt, dass nicht in erster Linie der Wunsch nach Ruhm oder Reichtum der Grund für die übergroßen Erwartungen sind, welche die neuen Kosmopolitinnen an sich und ihr Leben richten. Viele von ihnen sind wie Dan eher zurückhaltend; sie scheuen die mediale Aufmerksamkeit und leben, gemessen an ihren finanziellen Möglichkeiten, eher bescheiden.

Selbstwertgefühl ist seiner Natur nach relational und hängt stets davon ab, wie weit man den Kreis der Menschen zieht, mit denen man sich vergleicht. Für die neuen Kosmopoliten ist es demnach viel schwieriger geworden, ihre Selbstachtung dauerhaft zu wahren. In unserer fernen evolutionären Vergangenheit konnten sich unsere Vorfahren nur mit den paar Dutzend Angehörigen ihrer Horde messen. Und selbst in der jüngeren Vergangenheit stellte meist nur die lokale Umgebung den wesentlichen Vergleichsmaßstab dar. Dass wir nun endgültig in einem globalen Kontext leben, wirft da natürlich schwerwiegende Probleme auf.

Ein Aspekt, der die Situation der neuen liberalen Kosmopolitinnen allgemein auszeichnet, ist folgender: Je besser sie in ihrem Job sind, desto mehr Verhandlungsmacht haben sie, weil ihre Arbeitgeber nur zu gut wissen, dass sie überall gefragt sind. Viele von ihnen müssen alle paar Jahre Karriereentscheidungen treffen, die häufig einen Umzug beinhalten. Der Preis dieser Freiheit besteht darin, dass sie ihre Lebensläufe eng takten müssen, damit sie weiterhin als Erfolgsgeschichten durchgehen. Doch regelmäßige Umzüge und Jobwechsel bedeuten auch, dass sie nicht in der Lage sind, stabile Netzwerke aus Kollegen, Nachbarn, Freunden und Verwandten aufzubauen. So stehen sie oft ziemlich einsam im globalen Wettbewerb.

Dazu kommt häufig schon mit Anfang vierzig die beschriebene Sorge, nicht wirklich Spuren hinterlassen zu haben, bedeutungslos zu sein. Jeff und Dan sind hier besonders gute Beispiele, doch auch Naomi leidet immer wieder unter dieser Angst. Sie alle haben das Gefühl, dem kategorischen Imperativ der neuen Kosmopolitinnen nicht gerecht zu werden, der da lautet: Lebe spektakulär und verändere die Welt!

## 4. Mark: Mit Familientraditionen brechen

Die erste Mail, die ich von Mark bekam, lautete wie folgt: »Sehr geehrter Herr Dr. Strenger, ich schreibe Ihnen, obwohl ich annehme, dass Sie, einer altwürdigen Psychoanalytiker-Tradition folgend, im August nicht da sind. Ich habe einige Ihrer Publikationen gelesen und habe mich gefragt, ob Sie vielleicht Zeit für einen Termin haben. Meine Telefonnummer: xxx. Ich freue mich, von Ihnen zu hören, Mark.«

In den USA sind tatsächlich die meisten Analytiker im August im Urlaub. Ich habe nie verstanden, warum wir das auch in Israel so handhaben sollten. Daher sperre ich mich im August in meinem klimatisierten Arbeitszimmer ein, was prima ist, wenn ich ein Buchprojekt habe – aber ziemlich blöd, wenn dem nicht so ist: In einem Arbeitszimmer sitzen und nichts zu tun haben ist das perfekte Rezept, wenn man über die Fragen nachgrübeln möchte, die typischerweise meine kosmopolitischen Patienten beschäftigten: Hat mein Leben einen Wert? Tue ich genug, um meine Existenz zu rechtfertigen? Mit den Jahren werde ich besser darin, meine eigenen Ratschläge zu befolgen: Stellen Sie sich nie solche Fragen! Man kann sein Dasein nicht rechtfertigen – sobald Sie über solche Dinge auch nur nachdenken, geraten Sie unweigerlich ins Trudeln.

In besagtem Sommer hatte ich jedenfalls kein Buchprojekt. Und schon wenige Tage später saß Mark in meinem Büro, das – wie fast immer – ein ziemlicher Verhau war. Dass mir das ausgerechnet heute besonders auffiel, lag an Marks phänomenaler Ordentlichkeit. Für den Tel Aviver Sommer war er ziemlich passend gekleidet: Dreiviertelhose, sehr leichte Mokassins, keine Socken. Die drei obersten Knöpfe seines weißen Leinenhemds waren offen. Man hätte das Outfit als lässig bezeichnen können, wäre es ästhetisch nicht so perfekt ausbalanciert gewesen. Seine Bewegungen komplettierten den Eindruck: Sie waren flüssig und so entspannt, dass es beinahe einstudiert wirkte.

Erste Treffen sind oft ein bisschen heikel. Die meisten Patienten haben lange darüber nachgedacht, wie sie ihre Probleme schildern sollen. Sie wollen, dass man sie versteht, also bemühen sie sich um Präzision. Doch da wartet stets eine Zwickmühle, schließlich sind auch therapeutische Erstgespräche menschliche Begegnungen, und der nur allzu menschliche Wunsch, einen guten ersten Eindruck zu machen, lässt sich nie ganz unterdrücken. Das gilt übrigens auch für die Therapeuten: Wann immer ein neuer Patient zum ersten Mal kommt, wird mir schmerzlich meine chronische Unfähigkeit bewusst, mein Büro und den Behandlungsraum halbwegs in Ordnung zu halten. Sobald die Türklingel läutet, durchzuckt mich der Gedanke, ob ich nicht wenigstens die diversen Papiere aufeinanderstapeln sollte – aber dann ist es eh schon zu spät. Sobald wir uns einmal hingesetzt haben, bin ich ganz darauf konzentriert, den neuen Patienten kennenzulernen.

Im Fall von Mark stellte sich die Entspannung allerdings nicht so rasch ein. Die meisten Patienten setzen sich schnell hin, nachdem ich ihnen einen meiner beiden gleichen Sessel zugewiesen habe. Mark jedoch nahm sich Zeit. Er studierte den Raum, als wolle er alle Details aufsaugen, dann ließ er sich mit einer grazilen Bewegung nieder. Er bedankte sich höflich dafür, dass ich ihm so kurzfristig einen Termin gegeben hatte, und verlieh seinem Erstaunen darüber Ausdruck, dass ich im August nicht im Urlaub war. Für ein erstes Treffen war er also außergewöhnlich entspannt. Jetzt ließ er seinen Blick über die Bücherregale schweifen.

Mark war weiterhin ausnehmend höflich. Ob es eine bestimmte Reihenfolge gebe, nach der die erste Sitzung ablaufen solle, wollte er wissen. Ich sagte ihm, dass ich nicht jedes Wort auf die Goldwaage legen würde, dass Erstgespräche vor allem dazu dienten, sich einen allgemeinen Eindruck zu machen und dass ich ihn nicht wegen unbedacht geäußerter Kleinigkeiten in eine Schublade stecken würde.

Er lächelte kurz und sagte dann: »Wir stehen da offenkundig vor einem Dilemma. Rein technisch bin ich weder zu Ihrer Unterhaltung hier, noch, um Ihnen zu imponieren. Allerdings werde ich nicht darum herumkommen, bei meiner Kurzvorstellung ein paar Informationen fallenzulassen, die ziemlich Eindruck auf Sie machen werden.«

Ich musste laut lachen: Angesichts seines feinen Bewusstseins für sich und die Situation war ich tatsächlich beeindruckt. »Dann legen Sie mal los mit Ihrem Pitch.«

Ohne irgendwelche weiteren Umstände begann Mark mit seiner Vorstellung, die alle notwendigen Informationen enthielt, um mir klarzumachen, dass ich es hier mit einem begabten, weltgewandten und erfolgreichen Mann zu tun hatte, der dennoch kein übertriebener Angeber war. Mark war im Auftrag eines wichtigen Investmentfonds von der Westküste in Tel Aviv. Aus der beiläufigen Art, wie er den Namen aussprach, konnte ich schließen, dass er herausfinden wollte, ob das Unternehmen mir ein Begriff war (war es). Sein Unternehmen prüfte ein paar mögliche Investments in Israel, und er wollte einige Start-ups der boomenden Hightechbranche genauer unter die Lupe nehmen. Wie lange er bleiben würde, war noch nicht klar.

Dann hielt er für einen Augenblick inne und sagte: »Wahrscheinlich sollte ich erwähnen, dass ich homosexuell bin.« Ich war überrascht: wegen seiner Wortwahl – er wirkte eher wie jemand, der sich als »schwul« bezeichnen würde –, aber auch wegen der Art, wie er das Wort aussprach. Er betonte die zweite Hälfte des Wortes, wie deutlich ältere Amerikaner es häufig tun, um zu signalisieren, dass sie sowohl das Wort als auch das Phänomen anrüchig finden.

Nach einer weiteren kurzen Pause fuhr er fort: »Ich vermute, Sie wollen auch ein paar Dinge über meinen Hintergrund erfahren, richtig?« Da war sie wieder, diese ausgeprägte Verbindlichkeit, kombiniert mit der Absicht, auf meine Bedürfnisse einzugehen. Mark stammte aus einer alteingesessenen Familie von der Ostküste. Katholische Iren. Seine Vorfahren waren lange vor der großen irischen Einwanderungswelle in die Vereinigten Staaten gekommen und hatten laut seiner Beschreibung ein schon beinahe aristokratisches Selbstverständnis und Gebaren ausgebildet. Sein Urgroßvater hatte eine Anwaltskanzlei gegründet, die bald zu den ersten Adressen zählte – obwohl er katholisch war, was in den USA des 19. Jahrhunderts noch häufig ein Hindernis darstellte. »Mein Großvater und dann mein Vater widerstanden der Versuchung, mit anderen Kanzleien zu fusionieren, auch wenn das einen gewichtigen Nachteil hatte. Gerade große Unternehmen bevorzugen in der Regel große Anwaltsbüros mit Niederlassungen im ganzen Land. Die beiden verzichteten also bewusst auf einige besonders lukrative Mandate. Sie wollten die Firma lieber vergleichsweise klein halten und sich auf ihre traditionellen Klienten konzentrieren: reiche Familien, die sich einen Rechtsbeistand wünschten, mit dem sie ein persönliches Vertrauensverhältnis verband. Sie waren skeptisch, wenn sich übertrieben ehrgeizige junge Anwälte bewarben, die offensichtlich auf eine schnelle Karriere und glitzernde Statussymbole aus waren. In der Regel entschieden sie sich für Kandidaten, die selbst aus privilegierten Familien kamen. Das war kein Snobismus, sondern gesunder Geschäftsinstinkt: Eine gewisse Noblesse war ein Gütesiegel der Kanzlei.«

Und dann war da noch das Thema Religion. Mark beschrieb seine Familie als fromm, aber keinesfalls bigott. Über die Generationen hinweg hatte man zwar darauf geachtet, dass die eigenen Kinder ebenfalls Katholiken heirateten, daraus jedoch kein Dogma gemacht. Ein paar Söhne und Töchter hatten in protestantische Familien eingeheiratet, was niemand als großes Drama betrachtete. »Mit Juden sah es allerdings anders aus«, erklärte Mark, während ein verlegenes Lächeln über sein Gesicht huschte. »Noch vor einigen Jahrzehnten war die Idee, jemand aus der Familie könnte einen Juden oder eine Jüdin heiraten, absolut tabu. Ich würde nicht so weit gehen zu sagen, dass mein Großvater Antisemit war. Er mochte einfach keine Juden. So war das eben in den Kreisen, in denen er sich bewegte. Bei uns änderte sich das erst ab den Siebzigern, als eine entfernte Cousine von mir einen jüdischen Arzt heiratete. Er war ein richtiger Starchirurg, das bedeutete natürlich Prestige.«

Ich fragte Mark, ob er das erzähle, weil ich Jude war. »O nein, um Gottes willen«, beschwichtigte er lachend. »Ich wollte nur, dass sie einen Eindruck von meiner Familientradition haben. Ich stelle mir vor, dass das wichtig für Sie ist, um meine Mentalität zu verstehen.«

Es war faszinierend, Mark zuzuhören. Wie er über seinen familiären Hintergrund sprach, verriet Stolz und, wie ich fand, große Zuneigung. Und doch war da stets dieser leicht ironische Unterton. Als ob er mir signalisieren wollte, dass er die Sache mit der Familienehre nicht so ernst nahm wie manch anderer. Tat er das, weil er (korrekterweise) vermutete, dass ich aus bescheideneren Verhältnissen stammte? Weil ich Jude war? Oder war sein Verhältnis zu seiner Familie doch komplizierter, als er bislang berichtet hatte?

Ich wollte genauer wissen, weshalb er therapeutische Hilfe suchte, und bat ihn, mehr darüber zu erzählen. Er war plötzlich sichtbar angespannt und verstummte. »Mark«, sagte ich, »es ist ganz normal, wenn es Ihnen schwerfällt, vor einem Fremden, den Sie gerade mal seit einer halben Stunde kennen, über intime Dinge zu sprechen.«

Er lächelte gequält: »Okay, ich vermute, es ist Zeit, zum nächsten Thema überzugehen. Also, fangen wir mal damit an: Seit meinem achtzehnten Lebensjahr lebe ich offen homosexuell. Dass ich homosexuell bin, habe ich mit zwölf, dreizehn Jahren entdeckt. Bis dahin hatte ich keinen großen Unterschied zwischen der Freundschaft, die ich gegenüber einigen Jungs empfand, und meinen erotischen Neigungen gemacht. Am Anfang dachte ich, es sei ganz natürlich, dass ich meine Freunde gern in den Arm nahm. Dann merkte ich, dass mehr dahintersteckte. Ich versuchte, es zu verdrängen, und traf mich mit Mädchen. In meiner Familie und in unseren Kreisen sprach man nicht über Homosexualität, und ich kannte keine bekennenden Homosexuellen. Ich ging davon aus, dass meine Eltern einen homosexuellen Sohn niemals akzeptieren würden. Ich wusste nicht, was ich machen sollte. Unser Hausarzt kannte mich schon, seit ich ein kleiner Junge war, und ich vertraute mich ihm an. Er ging sehr gut damit um. Er sagte, dass er meine Situation verstand, und bot an, mit meinen Eltern zu sprechen: ›Du hast keine andere Möglichkeit, mein Junge. Du kannst nicht weiterleben, wenn du nicht in der Lage bist, mit deinen Eltern darüber zu reden.‹

Ein, zwei Tage lang war ich total panisch. Ich versuchte, die Gesichter meiner Eltern zu lesen. Wussten sie es schon? In unserer Familie trägt niemand sein Herz auf der Zunge. Emotional sind wir alle ziemlich zurückhaltend. Am dritten Tag rief mich mein Vater in sein Arbeitszimmer. Er war ruhig und gefasst. Er sagte, er habe ein langes Gespräch mit unserem Arzt geführt. Soweit er es verstanden habe, gelte Homosexualität nicht länger als etwas Pathologisches. Man habe sie aus den entsprechenden Diagnosehandbüchern gestrichen.

›Mark‹, sagt er, ›eins will ich von Anfang an klarmachen: Du bist unser Sohn und du wirst unser Sohn bleiben, was auch immer passiert. Aber ich muss dir nicht erklären, wie viel unsere Religion uns bedeutet. Und du weißt, dass die Kirche Homosexualität als etwas Abscheuliches betrachtet. Ich habe den Arzt gebeten, Erkundigungen einzuholen. Ich habe gehört, dass es psychiatrische Therapien gibt, mit denen man die sexuelle Orientierung verändern kann. Ich denke, dass Homosexualität immer auch das Ergebnis einer freien Entscheidung ist, sonst wäre sie in unserer Religion nicht verboten. Mein Vorschlag wäre, dass du zu einem Psychiater gehst, um herauszufinden, was man da machen kann.‹

Zwei Gefühle rangen in mir miteinander: Erleichterung darüber, dass mein Vater die Sache so gefasst aufnahm. Und die Erkenntnis, dass sie mich als Homosexuellen niemals akzeptieren würden – unser Sohn hin, unser Sohn her. Also ging ich zu einem Psychiater. Die Therapie war ein totaler Fehlschlag. Mit achtzehn entschied ich mich wegzuziehen. Ich entschied mich für ein College in Kalifornien. Zwar waren wir alle davon ausgegangen, dass ich einmal in unsere Kanzlei eintreten würde, aber das war jetzt natürlich keine Option mehr.

Ich lebe also seit etwa zwanzig Jahren offen meine Homosexualität. Allerdings ist es mir nie gelungen, eine stabile Beziehung aufzubauen, und allmählich fühle ich mich doch ziemlich einsam. Ich sehe, wie homosexuelle Paare Familien gründen, Kinder adoptieren – ich selbst bin davon jedoch meilenweit entfernt. Glauben Sie, Sie können mir helfen, Dr. Strenger?«

Während der letzten Viertelstunde hatte sich Marks Tonfall verändert. Er sprach zwar weiterhin beherrscht, aber es war doch offenkundig, dass sich in seiner Brust ein großer, tiefer Schmerz eingenistet hatte. Ich war bewegt, und mir schossen die unterschiedlichsten Gedanken durch den Kopf.

»Mark«, sagte ich schließlich, »das ist unsere allererste Sitzung, und es wäre unprofessionell zu behaupten, ich wüsste jetzt schon, was ich für Sie tun kann. Zwei Beobachtungen möchte ich Ihnen jedoch mit auf den Weg geben: Zum einen war ich von Anfang an irritiert darüber, wie sie das Wort ›Homosexualität‹ aussprechen. Sie klingen dabei wie ein Zeitreisender aus der Vergangenheit. Ich frage mich, ob Ihr familiärer Hintergrund, ganz tief drin, nicht doch bis heute großen Einfluss auf Ihr Verhältnis gegenüber Ihrer Sexualität hat. Ich müsste mehr über Ihre religiösen Überzeugungen wissen, um dazu Genaueres sagen zu können. Und dann ist mir aufgefallen, wie extrem höflich Sie sind. Ich hatte den Eindruck, dass Sie so damit beschäftigt sind, dass ich mich auch ja wohlfühle, dass Sie es sich nicht gestatten, offen über Ihre Gefühle zu sprechen. Gleichzeitig habe ich aber gespürt, dass Sie großen Schmerz in sich tragen. Ich hoffe, dass wir uns noch besser kennenlernen und dass sie dann lockerer sein können.«

## Eine therapeutische Achterbahnfahrt

Die Arbeit mit Mark war nicht gerade einfach. Aufgrund seiner Ostküstenerziehung war er die meiste Zeit sehr reserviert. Offen über Gefühle zu sprechen hatte bei ihm zu Hause ein Tabu dargestellt. Angesichts seines vollen Terminkalenders war es für ihn am angenehmsten, wenn er die Sitzungen absolvieren konnte, bevor er in seinem Büro an der Westküste mit der Arbeit begann. Wir sprachen über Skype, und ich konnte im Hintergrund erkennen, wie geschmackvoll und teuer der Raum eingerichtet war. Seine Kleidung entsprach weitgehend der Etikette des Finanzsektors, allerdings mit einer lockeren Note. So trug er zum Beispiel nie eine Krawatte. Manchmal fragte ich mich, was er sich wohl umgekehrt dachte, wenn er mich auf seinem Bildschirm so dasitzen sah, inmitten meines chaotischen Behandlungsraums und im T-Shirt, wie es in Israel nun einmal üblich ist. Im nächsten Moment fragte ich mich dann aber, warum mich das eigentlich interessierte: Ich hatte schon häufiger Patienten aus dieser Branche behandelt, ohne dass mir das Durcheinander in meinem Büro je peinlich gewesen wäre.

Marks Zurückhaltung beschränkte sich nicht auf seine Gefühle. Was den Ursprung seiner Probleme anbelangte, hatte er sich längst eine Theorie zurechtgelegt: Er stammte aus einer katholischen Familie, hatte aber das Pech, als Homosexueller geboren worden zu sein. »Es gibt nichts, was Sie oder ich dagegen tun könnten«, sagte er resigniert, »es handelt sich einfach um einen unlösbaren Konflikt.« Daher war er Tausende Kilometer weit weg an die Westküste gezogen. Auch dass er nicht bei einer angesehenen Bank, sondern bei einer Venture-Capital-Firma arbeitete, stellte eine Form dar, sich von seiner Familie zu distanzieren. Die Branche war aufregender und nicht so steif wie die Welt der etablierten Geldhäuser. Vor allem mochte er die Treffen mit Hightechunternehmern, die in ausgewaschenen Jeans zu den Terminen erschienen und eher in Kreativität machten denn in Respektabilität.

Was mich wunderte, war, dass keine anderen Aspekte des Westküstenlebens auf Mark abgefärbt hatten. Für jemanden aus einer so zugeknöpften Familie hätte es eine große Befreiung darstellen können, in einer Umgebung mit einer großen und stolzen Schwulenszene zu leben. Doch obwohl Mark aus seiner Homosexualität keinerlei Geheimnis machte, hielt er sich von der Community fern und hatte keine ihrer typischen Verhaltenscodes übernommen. Es war, als ob er extra einen ganzen Kontinent zwischen sich und seine Familie gebracht hätte, nur um dann doch an ihrer Lebensweise festzuhalten. Sein Sexualleben beschränkte sich auf flüchtige Begegnungen; er mied emotionale Bindungen und achtete darauf, seinen Kollegen nie mit einem seiner Liebhaber zu begegnen.

Als ich versuchte, darüber mit ihm zu reden, wischte er das Thema brüsk vom Tisch. »Hören Sie, Herr Dr. Strenger«, er bestand weiterhin auf dieser förmlichen Anrede, »durch einen blöden Unfall der Natur bin ich als Homosexueller auf die Welt gekommen. Frauen werden mich nie interessieren, also bin ich dazu verdammt, Sex mit Männern zu haben. Das heißt aber noch lange nicht, dass ich mich auf die Schwulenkultur insgesamt einlassen muss. Das manierierte Verhalten, die Selbstbezüglichkeit, die Art und Weise, wie die Schwulen ihre sexuelle Orientierung als Kern ihrer Identität ausstellen – ich hasse das. Auch die Obsession mit dem Körper geht mir auf die Nerven. Nur weil ich homosexuell bin, muss ich ja nicht die Manieren und die Eleganz meiner Familie aufgeben.«

Wir steckten in einer Sackgasse. Mark erlebte sein Schwulsein als einen Fluch und vermied alle Kontakte, die ihm ein Gefühl von Gemeinschaft hätten geben können, das seiner sexuellen Identität entsprach.

Nach einigen Monaten begann ich, ernsthaft daran zu zweifeln, dass ich Mark irgendwie helfen konnte. Doch dann hatte ich eine Idee, die sich als produktiv erweisen sollte. Ich fragte Mark, ob er in die Kirche gehe. Er nahm sich Zeit, bevor er antwortete: »Nein, ich war schon ziemlich lange nicht mehr in der Kirche«, antwortete er schließlich und verstummte. »Hätten Sie denn Lust, mal wieder hinzugehen?«, hakte ich nach. Er warf mir einen verächtlichen Blick zu und antwortete: »Man geht nicht in die Kirche, weil man Spaß haben will. Man geht in die Kirche, weil man geistige Erbauung sucht.« Sein aggressiver Tonfall verblüffte mich: »Wie kommen Sie auf die Idee, dass ich das anders sehen könnte?« – »Nun, ich würde nie eine Formulierung verwenden wie ›Hätten Sie Lust, mal in die Kirche zu gehen‹?« – »Gut, dann schildern Sie doch mal in Ihren Worten, was die Kirche Ihnen bedeutet.«

Das Eis war gebrochen, Mark begann zu reden. Ich meine: wirklich zu reden, anstatt nur irgendwie Konversation zu machen. Er sprach über die Ästhetik der katholischen Messe. Es stellte sich heraus, dass sakrale Musik in seinem Leben eine große Rolle spielte.

»Welche Komponisten und Stücke mögen Sie besonders?«, fragte ich. »Warum wollen Sie das wissen?«, schnappte er misstrauisch zurück.

»Es interessiert mich einfach«, entgegnete ich. »Offensichtlich ist das eine wichtige Sache in Ihrem Leben. Konzertsäle scheinen für Sie so etwas zu sein wie zentrale Orte der spirituellen Erfahrung.«

Er kuckte immer noch argwöhnisch und antwortete in einem sarkastischen Ton: »Und Sie erklären mir dann, dass meine Liebe zur Kirchenmusik auf irgendeine blödsinnige Weise doch nur eine Verschiebung und ein Ersatz dafür ist, dass ich eigentlich homosexuell zu meinem Vater hingezogen bin?«

Jetzt wurde ich wirklich stutzig: »So denken Sie über mich?« – »Tja«, gab er zurück«, »so arbeitet ihr Therapeuten doch, oder? Alles wird auf sexuelle Erfahrungen in der Kindheit reduziert und solchen Kram.« – »Glauben Sie denn, dass da was dran ist?« – »Nein, natürlich nicht. Ich finde das total lächerlich, primitiv und ekelhaft«, antwortete er voller Verachtung.

»Aber warum um alles in der Welt haben Sie sich denn bei jemandem in Behandlung begeben, von dem Sie glauben, er denke in solchen unterkomplexen küchenpsychologischen Kategorien? Sind Sie schon einmal auf die Idee gekommen, mich zu fragen, was ich von solchen Ansätzen halte? Oder nach meiner Meinung zu irgendeinem anderen Thema? Wir arbeiten jetzt schon fast ein halbes Jahr miteinander, und Sie haben mir noch keine einzige Frage gestellt. Dafür haben Sie aber offensichtlich ziemlich viele Vorurteile über mich und meine Arbeitsweise. Wie wollen Sie sich mir gegenüber dann jemals öffnen? Sie sitzen da, verstecken sich in Ihrer Festung und meiden jeden authentischen persönlichen Kontakt.«

Nun war es an ihm, überrascht zu sein: »Wenn ich Sie so etwas gefragt hätte, hätten Sie doch nur wieder analysiert, warum ich das getan habe, oder?«

»Nein«, antwortete ich, »ich hätte Sie höchstens gefragt, warum Sie das interessiert. Und Ihnen ansonsten eine ehrliche Antwort gegeben. Probieren Sie es aus!«

Er zögerte kurz und sagte dann: »Okay, was sind Ihre fünf liebsten Musikstücke?«

»Bachs h-Moll-Messe, Beethovens ›Missa solemnis‹, das Requiem von Verdi, die Cellosuiten von Bach und Beethovens späte Streichquartette.«

»Sie schummeln«, gab er zurück, »das sind mehr als fünf Stücke. Sie können nicht alle Beethoven-Quartette zusammen nennen, jedes ist ein Meisterwerk für sich. Außerdem glaube ich Ihnen nicht. Sie haben katholische Musik genommen, damit ich mich wieder beruhige.«

»Ich kann Ihnen gerne einen Screenshot von meiner iTunes-Playlist schicken«, bot ich ihm an. »Außerdem war Bach Protestant, und ich sehe nicht, was an Beethovens Streichquartetten besonders katholisch sein sollte.«

In diesem Stil ging es weiter. Wir machten noch ein paar Sprüche über klassische Musik, und ich hatte das Gefühl, dass Mark endlich auftaute. Im Verlauf der nächsten Monate stellte sich heraus, dass er in mir zunächst einen Seelenklempner gesehen hatte, dem es darauf ankam, alles auseinanderzunehmen, was ihm wichtig war. Er hatte geglaubt, ich sei prinzipiell nicht in der Lage, die katholische Spiritualität zu verstehen, und auf die Idee, eine erfolgreiche Behandlung setze einen authentischen emotionalen Kontakt zwischen Therapeut und Patient voraus, war er noch überhaupt nicht gekommen. Nun begann er, über seine grenzenlose Einsamkeit zu sprechen. Zu Hause hatte er sich immer nach emotionaler Nähe gesehnt, doch zugleich war ihm klar, dass seine Familie das verabscheute. Als er realisierte, dass er schwul war, begannen seine, wie er es ausdrückte, »Jahre in Einzelhaft«. Anschließend ging er durch die Hölle einer Therapie, bei der er sexuell umgepolt werden sollte. Die katholischen Seelsorger, die er konsultierte, waren nett, stellten aber klar, dass er zunächst seiner Homosexualität abschwören müsse, bevor sie ihm helfen könnten – und in diesem Moment brach er die Gespräche sofort ab. Irgendwann habe die letzte Möglichkeit darin bestanden, »es mit einem jüdischen Therapeuten zu versuchen«.

Das war ein wichtiger Moment, hatte ich doch von Anfang an gespürt, dass der Umstand, dass ich Jude war, eine Rolle spielte. »Das mit dem Therapeuten leuchtet mir ein, aber warum jüdisch?«

»Ich glaube, weil euch irgendwie der Ruf vorauseilt, eine sehr positive Haltung zu Sexualität zu haben, vielleicht sogar ein bisschen hypersexuell zu sein. Wenn ich ehrlich sein darf: Der erste Gedanke, der mir durch den Kopf schoss, als ich Sie hier mit Ihrer jungen Frau sah, war: ›So ein notgeiler jüdischer Pädophiler!‹ Und dann sah ich das Chaos in Ihrem Arbeitszimmer – das ansonsten ganz geschmackvoll eingerichtet ist – und Ihren nachlässigen Kleidungsstil. Außerdem sollten Sie um die Hüften herum unbedingt ein bisschen abnehmen. All das bestätigte meinen ersten Eindruck.«

»Und der war?«

»Na, dass Sie halt so ein jüdischer Seelenklempner sind. Dass Sie mir einreden würden, im Leben gehe es nur um Sex, ich müsse meine Schuldgefühle in den Griff kriegen und auch mal so was wie SM ausprobieren.«

Ich schlug einen ernsteren Ton an: »Dann ist ja sonnenklar, warum Sie zunächst so sehr auf Distanz geachtet haben. Das klingt alles so, als hätten Sie mich für einen Pädophilen gehalten, der Sie zu irgendwelchen Ausschweifungen animieren will. Insofern ist es auch nicht weiter verwunderlich, dass unser Verhältnis erst in dem Moment besser wurde, als Sie herausfanden, dass ich mich für sakrale Musik interessiere. Außerdem scheinen Sie von Ihrer Familie eine ganze Menge Vorurteile gegenüber Juden geerbt zu haben, um es mal vorsichtig auszudrücken. Gut, im Prinzip sind das schlicht antisemitische Klischees. Wenn diese Therapie etwas bringen soll, müssen wir beiden lernen, Klartext miteinander zu sprechen. Und dann habe ich noch eine Überraschung für Sie: Ich denke, als Nächstes sollten wir nicht über BDSM-Praktiken sprechen, sondern über katholische Theologie in all ihren Spielarten.«

»Wie bitte?« Mark war perplex.

»Ja, Sie haben mich richtig verstanden. Wie Sie schon ganz

am Anfang der Therapie sagten: Eigentlich gibt es nicht viel zu besprechen. Sie sind schwul, und das lässt sich nicht ändern. Aber vielleicht können wir ja Ihre Vorstellung davon ändern, was es bedeutet, katholisch zu sein. Und vielleicht können Sie dann anders mit Ihrer Homosexualität umgehen, die Sie bislang vor allem als eine Art Fluch zu betrachten scheinen, den Gott – oder auch der Teufel – Ihnen auferlegt hat.«

»Das wäre ja der Witz des Jahrhunderts«, antwortete er lachend, »wenn ausgerechnet ein hypersexueller Jude einem waschechten irischen Katholiken etwas über Katholizismus beibringen würde.«

»Gut, dann gebe ich Ihnen jetzt zuerst einmal eine Hausaufgabe mit auf den Weg. Haben Sie Andrew Sullivans Buch *The Conservative Soul* gelesen?« Das Buch war mir einige Wochen zuvor zufällig in die Hände gefallen. Mark kuckte verwirrt. »Sullivan war lange einer der einflussreichsten Blogger der USA. Er ist praktizierender Katholik und ein bekennender Schwuler. Er schreibt sehr gut und ist ein ausgezeichneter Kenner der katholischen Glaubenslehre. Seine Ansichten dazu, was es bedeutet, wahrhaft konservativ zu sein, und was katholische Spiritualität auszeichnet, sind überaus lesenswert. Laden Sie sich das E-Book am besten sofort auf Ihren Kindle.«

Ab diesem Moment versenkte sich Mark immer tiefer in eine emotionale, spirituelle und intellektuelle Entdeckungsreise. Er verstand, dass er über Religion praktisch noch genauso dachte, wie man es ihm zu Hause eingetrichtert hatte. Seine Ansichten waren streng, ja schon beinahe fundamentalistisch. Dass er seit seiner Jugend mit Johannes Paul II. und Benedikt XVI. zwei insbesondere in Fragen der Sexualmoral ausgesprochen konservative Päpste erlebt hatte, hatte nicht gerade zu einem entspannteren Umgang mit seiner Homosexualität geführt.

Dass ich ihm ausgerechnet Sullivans Buch empfohlen hatte, erwies sich als Glücksfall. Zunächst hatte Mark mit dem Text ziemlich zu kämpfen. Sullivans tiefes spirituelles Bekenntnis zum Katholizismus ist auf jeder Seite spürbar. Dasselbe gilt für seine konsequente Ablehnung jeder Form des religiösen oder auch säkularen Fundamentalismus. Seine Vision des Konservatismus gründet in Skeptizismus und der Einsicht in die Grenzen des menschlichen Wissens, aber auch im Staunen über das Mysterium Mensch. Mark war verwirrt: Sullivans Ausdrucksweise und die Art, wie er seine Gedanken präsentiert, sind überaus zeitgenössisch, was Mark unmittelbar ansprach. Außerdem ist Sullivan sehr gebildet und kultiviert, was es für Mark vermutlich leichter machte, sich auf das Buch einzulassen. Dass Sullivan den Körper nicht als vorübergehendes Gefängnis der Seele betrachtet, aus dem man nach dem Tod oder der Auferstehung befreit wird, sondern als Verkörperung der Seele und Quelle von Sinn, schockierte Mark, faszinierte ihn aber auch. Das galt vor allem für die Stellen, an denen Sullivan die sexuelle Vereinigung als eine der tiefsten spirituellen Erfahrungen bezeichnet. Bislang hatte Mark den Geschlechtsakt, vor allem den homosexuellen, stets als fleischliche Sünde erlebt, die einer nach Reinheit strebenden Seele aufgezwungen wird. Er fand es erheiternd, solche Fragen mit einem Juden zu diskutieren. Mark öffnete sich nach und nach für modernere Formen des Katholizismus und begriff, dass die strikte Dichotomie von wahrem Glauben und dekadenten Ausschweifungen, die sein Leben so lange strukturiert hatte, so limitiert wie limitierend war.

Leider kann ich hier nicht noch detaillierter auf Marks therapeutische Reise eingehen, was schade ist, weil es sich um eine bewegende und faszinierende Entwicklung handelte. Er erlebte nicht nur eine intellektuelle und geistige Verwandlung, sondern er war auch endlich in der Lage, Trauer über seine extreme Einsamkeit und die emotionale Leere zu empfinden, in der er bislang gelebt hatte. Er schloss einige engere Freundschaften und hatte ein paar Affären. Noch während die Therapie andauerte, begann er eine ernsthafte Beziehung, die ihn sowohl emotional als auch sexuell erfüllte. Als ich zum letzten Mal von ihm hörte, dachten sie darüber nach zu heiraten – und wie eine gute jüdische Mutter war ich sehr glücklich über diese Nachricht.

## Exkommunikation und der liberale Impuls

In Mark haben wir noch einmal einen etwas anderen Typus eines liberalen Kosmopoliten kennengelernt, genauer gesagt: Als er zum ersten Mal in meine Praxis kam, war sein Lebensstil zwar kosmopolitisch, sein Innenleben aber überhaupt nicht liberal. In seinen Einstellungen war er deutlich konservativer als Jeff oder Dan. Er legte großen Wert auf Stil und brachte seinen Oberklassenhabitus auch mit bestimmten Statussymbolen zum Ausdruck. Er war stolz auf seinen exquisiten Geschmack, ob nun bei Kleidung, Musik oder Wein. Gegenüber Lebensformen, die nicht dem konservativen Habitus seiner Familie entsprachen, war er jedoch keinesfalls tolerant – und dies galt tragischerweise auch für seine eigene Homosexualität.

Marks Geschichte steht aber zugleich für einen typischen Mechanismus, der Menschen wie ihn in die weite Welt treiben kann: Wer (aus welchen Gründen auch immer) nicht in seine oder ihre Umwelt passt, dem droht ein hartes Schicksal. In Marks Fall war es seine sexuelle Orientierung, also etwas, das er sich nicht ausgesucht hatte, sondern als einen Zwang der Natur erlebte, die ihn dazu brachte, sein Umfeld zu verlassen. Ich möchte mich hier nicht in die hochkontroverse Debatte darüber einmischen, wie unsere sexuelle Orientierung entsteht. Es ist nun mal ein phänomenologisches Faktum, dass die große Mehrheit der homosexuellen Menschen (Männer noch mehr als Frauen) nicht das Gefühl haben, sie könnten über ihre sexuelle Orientierung so frei verfügen wie über ihre Haarfarbe. Sie können sie höchstens vertuschen. Die Leben der Betroffenen nehmen bisweilen tragische Wendungen. Sie fühlen sich schlecht und exkommuniziert und entwickeln eine negative Identität. Für viele besteht der einzige Ausweg darin, sich mit anderen Außenseitern zusammenzuschließen, die ähnliche Erfahrungen gemacht haben. Das kann schwerwiegende Folgen haben, von Drogenabhängigkeit bis zu Kriminalität. Für Mark, der sich von der Schwulenszene und -kultur fernhielt, bedeutete es tiefe Einsamkeit.

Ich hatte von Anfang an sehr gehofft, dass Mark seine Einsamkeit endgültig überwinden würde, was nach intensiver Arbeit auch geschah: Nach der jahrelangen Therapie fühlte er sich nicht länger wie ein Paria, obwohl es immer noch weh tat, seine Familie zu treffen und dann wieder diese Kluft zu spüren. Im Zuge unseres Dialogs wurde offenkundig, wie sehr er sich noch immer vor elterlicher und familiärer Autorität fürchtete. Er traute sich zunächst nicht, seinen Eltern zu erzählen, dass er eine ernsthafte Beziehung mit einem Mann eingegangen war, und nahm alle möglichen Verrenkungen auf sich, um sie vor ihnen zu verbergen. Irgendwann fragte ich ihn einmal, warum er das Gefühl habe, er müsse die Beziehung vor ihnen verstecken. Er meinte, dass sie die Beziehung nie und nimmer akzeptieren und sich weigern würden, ihn weiterhin zu sehen. Als ich nachbohrte und wissen wollte, warum er sich eigentlich verpflichtet fühlte, ihr Urteil und die damit verbundene Zurückweisung zu akzeptieren, fiel er erst einmal aus allen Wolken: »Sie sind doch immerhin meine Eltern, oder?« – »Schon, aber finden Sie nicht, dass Sie einen Anspruch darauf haben, mit menschlichem Respekt behandelt zu werden?« Erneut war er zunächst vollkommen sprachlos.

Zwei Wochen später verkündete er zu Beginn unserer Sitzung: »Ich habe mich mit meinen Eltern getroffen und ihnen gesagt, dass ich einen Freund habe und dass es etwas Ernstes ist. Sie sagten mir, dass sie nichts davon hören und dass sie ihn nie treffen wollten. Ich entgegnete, dass ich ihr Recht respektieren würde, eine archaische Form des katholischen Glaubens zu leben, auch wenn ich diese Geisteshaltung unmenschlich fände. Gleichzeitig würde ich aber erwarten, dass sie es akzeptieren, dass ich mein eigenes Leben lebe. Ich stellte sie vor die Entscheidung: Entweder wir treffen uns in Zukunft an Weihnachten und Ostern mit meinem Partner oder wir treffen uns überhaupt nicht mehr. Sie sollten die Sache in Ruhe überdenken und sich klarmachen, was für einen hohen Preis sie – aber auch ich – letztendlich für ihre Weigerung bezahlen würden, meine Homosexualität mit all ihren Konsequenzen zu akzeptieren.«

Soweit ich weiß, ließen Marks Eltern sich schließlich auf ein Treffen ein. Sie weigern sich aber bis heute, seinen Freund zu sich nach Hause einzuladen, was Marks Entfremdung noch weiter zunehmen ließ.

Letztendlich verwandelte erst die – mit Unterbrechungen – siebenjährige Therapie Mark in einen liberalen Kosmopoliten. Mittlerweile hat er neue kulturelle Interessen, er befasst sich mit einer Vielzahl menschlicher Erfahrungen: religiösen, sexuellen, spirituellen. Und er geht jetzt jeden Sonntag in die Kirche, ohne länger das Gefühl zu haben, er begehe ein Sakrileg, wenn er an der Kommunion teilnimmt. Er hat einen Priester gefunden, der seine Homosexualität akzeptiert und ihm die Beichte abnimmt. »Seine Sitzungen sind übrigens deutlich billiger als Ihre«, meinte er dazu trocken.

## 5. Ella: Der Versuch, die Vergangenheit
in Ordnung zu bringen

Ich kannte Ellas auffälliges Gesicht aus dem Fernsehen, wo ich sie aus einer Reihe von Kriegsgebieten hatte berichten sehen. Mehrfach war mir der Gedanke gekommen, sie sei eine höchst unwahrscheinliche Besetzung für diesen Job: Sie war recht zierlich, ihre Züge waren weich, ihre Haut fast durchscheinend. Und doch gelang es ihr, Autorität und Stärke auszustrahlen.

Ella stammte ursprünglich aus Deutschland. Sie war in Israel, um über die zunehmenden Spannungen zu berichten, die vom unaufhörlichen Raketenbeschuss aus dem Gazastreifen ausgelöst wurden. Als sie in mein Behandlungszimmer trat, bemerkte ich einmal mehr diese Kombination aus Zierlichkeit und Stärke. Auch die Förmlichkeit ihres Auftretens fiel mir ins Auge: Ihr blondes Haar war fest zurückgebunden. Sie trug einen dunklen, etwa knielangen Rock und eine elegante Bluse. Als sie sich im Sessel niederließ, machte sie einen überaus angespannten Eindruck: Sie lehnte sich nicht an, ihre Beine wirkten wie Druckfedern, die jederzeit aufspringen könnten. Genau wie am Telefon sprach sie mich zunächst auf Englisch an, was mich überraschte: Ich ging davon aus, dass sie wusste, dass ich fließend Deutsch spreche. Sie schaute sich im Zimmer um und blickte dann nervös und überrascht zu mir: »Merkwürdig, ich weiß nicht, wie ich anfangen soll ...«

»Wo liegt denn das Problem?«

»Irgendwie ... Irgendwie kommt es mir so vor, als hätte ich keinen guten Grund, hier zu sein. Sie behandeln vermutlich Leute mit ernsthaften Problemen. Ich mache mir auf einmal Sorgen, dass es Ihnen so vorkommen wird, als wäre ich nur eine verwöhnte Göre.«

»Ella, ich gehe grundsätzlich davon aus, dass Leute, die Hil-

fe suchen, immer einen guten Grund haben. Warum fangen Sie
nicht einfach an, mir etwas von sich zu erzählen?«

»Okay. Ich beginne mit dem unmittelbaren Grund, der mich
zu Ihnen führt. Ich bin sechsunddreißig Jahre alt, unverhei-
ratet und habe auch nicht vor zu heiraten. Ich habe bewusst
keine Kinder, und ich bin ziemlich sicher, dass ich auch keine möchte. Aus den offensichtlichen Gründen werde ich bald
nicht mehr in der Lage sein, Mutter zu werden. Ich habe beschlossen, dass ich es mir schuldig bin, zumindest sicherzuge-
hen, dass meine Entscheidung gegen Kinder wohlüberlegt ist.
Ist das ein guter Grund für eine Therapie?«

»Das glaube ich ganz bestimmt. Können Sie mir sagen, wie
lange Sie den Gedanken schon haben, dass Sie keine Kinder
möchten?«

Sie zögerte. »Ich glaube, darauf gibt es zwei Antworten.
Lange Zeit dachte ich, ich hätte die Entscheidung an meinem
dreißigsten Geburtstag gefällt. Damals war ich in London. Ich
hatte gerade einen wichtigen Schritt in meiner Karriere gemacht: Der Sender, für den ich noch immer arbeite, bot mir
eine Festanstellung als Auslandskorrespondentin an. Zu diesem Zeitpunkt hatte ich schon eine ganze Weile keine feste Beziehung mehr gehabt, aber ich hatte nicht das Gefühl, etwas
zu vermissen. Ich hatte keine engen Freunde in London, also
beschloss ich, einfach ein paar Bekannte und Kollegen einzuladen, um mit ihnen auf meinen Geburtstag anzustoßen. Der
Abend war nett. Die Gäste gratulierten mir zum neuen Job.
Ich wusste, dass ich ein paar Tage später nach Afghanistan fliegen würde, und ich war positiv aufgeregt. Alles fühlte sich
leicht an, das Leben schien voller Möglichkeiten. Irgendwann
im Laufe des Abends kam das Gespräch auf Milan Kunderas
Roman *Die unerträgliche Leichtigkeit des Seins*, den die meisten der Anwesenden gelesen hatten. Irgendjemand meinte, wir
sollten sagen, mit welcher der Figuren wir uns identifizieren.
Die meisten Frauen wählten Teresa, die Fotografin, die sich

einen Mann wünscht, der sie so sehr liebt, dass sie sich als Individuum und als Frau anerkannt und bestätigt fühlt. Die Männer teilten sich relativ gleichmäßig auf zwischen Tomas, dem Chirurgen, der sich niemals auf eine Beziehung festlegt und viele unverbindliche erotische Freundschaften hat. Und Franz, dem Professor, der sich stets darum bemüht, unglückliche Frauen wie seine Mutter und seine Frau glücklich zu machen, und der auf der Suche nach einem höheren Zweck ist, dem er sein Leben widmen kann.

Niemand wählte Sabina, die Malerin, die etwas oder jemanden braucht, dem sie untreu sein kann, weil sie den kollektivistischen, totalitären Mief, in dem sie aufgewachsen ist, so sehr verabscheut. Als ich an die Reihe kam, sagte ich, ich stünde vor einem Dilemma: Ich fühlte mich am ehesten so wie Tomas, wegen seiner Ungebundenheit und seiner schier grenzenlosen Neugier. Aber ich identifizierte mich auch mit Sabina, wegen ihrem Abscheu vor dem Totalitarismus.

Die Gäste bestanden darauf, dass ich mich auf eine Figur festlegen müsse. Also dachte ich nach: Ich erinnerte mich an den Abschnitt, in dem Kundera Tomas' Vergangenheit rekapituliert. Tomas hat sich scheiden lassen, und nach der Scheidung streiten er und seine Exfrau ständig über die Ausbildung des gemeinsamen Sohnes. Irgendwann erträgt er das nicht mehr und bricht alle Verbindungen zu Frau und Sohn ab. Das hat wiederum zur Folge, dass seine Eltern den Kontakt zu ihm abbrechen. Und dann gibt es da diesen einen Satz, der mir immer im Gedächtnis geblieben ist, seit ich ihn zum ersten Mal gelesen habe: ›So gelang es ihm in kürzester Zeit, Frau, Sohn, Mutter und Vater loszuwerden.‹« Sie hielt inne.

»Ich fand diesen Satz immer sehr tröstlich. Die Idee, dass man jegliche Verbindung zu seiner Familie lösen kann, erschien mir immer sehr attraktiv. Ich hatte nur ein Problem: Ich war der Ansicht, dass es zutiefst unmoralisch von Tomas war, den Kontakt zu seinem Sohn abzubrechen. Von einer Frau kann man sich scheiden lassen. Wenn man seine Eltern hasst, kann man die Verbindung zu ihnen kappen. Aber einem Kind sollte man das nie antun. Also entschied ich mich am Ende für Sabina. Sie war konsequent. Sie stellte von Anfang an sicher, dass sie keine Verbindungen einging, die sie nicht jederzeit beenden konnte. Und dann erkannte ich, dass das bedeutete, dass ich keine Kinder wollte, weil ich niemals in der Lage sein würde, ein Kind im Stich zu lassen. Lange dachte ich, dass das der Abend war, an dem ich entschied, dass ich keine Kinder wollte. Aber in den letzten ein oder zwei Jahren habe ich angefangen, mich zu fragen, ob ich die Entscheidung nicht schon viel früher getroffen habe, in meiner Teenagerzeit.«

»Wieso das? Was ist damals passiert?«

Sie blickte mich mit einem versteinerten Gesichtsausdruck an. »Ich fand damals heraus, dass mein Großvater mütterlicherseits SS-Obersturmbannführer gewesen war.« Es folgte eine lange Stille.

Ich versuchte, mir den Schock vorzustellen, den sie damals empfunden haben musste. Ich hoffte, dass sie mir mehr erzählen würde, aber ich wollte sie nicht drängen. Plötzlich hörte ich mich selbst sagen: »Ist das der Grund, warum Sie mit mir Englisch sprechen und nicht Deutsch?«

Sie schaute mich verdutzt an und lächelte: »Das ist wirklich seltsam. Einer der Gründe, weshalb ich Sie ausgesucht habe, ist, dass ich ein Interview mit Ihnen auf einem deutschen Fernsehsender gesehen habe. Ich fand Ihre Analyse der politischen Lage in Israel sehr interessant und recherchierte ein bisschen. Als ich merkte, dass Sie praktizierender Analytiker sind, dachte ich mir: Sollte ich jemals eine Therapie machen, dann ist er der Richtige: Er spricht Deutsch, er ist Jude und er lebt in Israel.«

»Was hat die Tatsache, dass ich Jude bin und in Israel lebe, damit zu tun?«, fragte ich.

»In dem Jahr, in dem ich von der Nazivergangenheit meines Großvaters erfuhr, schloss ich mich der Aktion Sühnezeichen an, die in Israel Programme für junge Deutsche organisiert, die sich mit der deutschen Verantwortung für den Holocaust auseinandersetzen wollen. Ich verbrachte einen Sommer hier und später ein paar weitere. Seither spielt Israel eine wichtige Rolle für mich.«

Als sie diesen Punkt ansprach, ging mir ein Licht auf: Die Welt besser machen zu wollen ist für viele neue Kosmopolitinnen ein wichtiger Antrieb. Nicht nur für Deutsche, die sich mit der noch immer nicht bewältigten Vergangenheit ihres Landes auseinandersetzen wollen, sondern für junge Leute von überall her, die sich ein oder zwei Jahre Zeit nehmen, um bei einer NGO zu arbeiten, die sich gegen den Hunger in Afrika engagiert oder für eine bestimmte Nashornart in Indien.

»Dass sie Jude sind, war deshalb wichtig, weil ich … weil ich einem deutschen Nichtjuden in dieser Angelegenheit irgendwie nicht vertrauen würde. Ich weiß, dass das irrational ist.«

»Ist Ihnen aufgefallen, dass Sie weiter Englisch gesprochen haben?«

Sie schüttelte vehement den Kopf. »Ich kann jetzt nicht Deutsch sprechen, bitte drängen Sie mich nicht. Und bitte reden Sie nicht Deutsch mit mir, es sei denn, ich bitte Sie darum. Ich kann es nicht erklären, aber es ist wichtig. Sie haben vielleicht bemerkt, dass ich für englischsprachige Sender arbeite. Als ich achtzehn war, habe ich beschlossen, dass ich investigative Journalistin werden möchte. Ich wollte Lügen aufdecken. Ich wollte der Welt die Wahrheit zeigen. Und mir war klar, dass ich das auf Englisch tun musste, Englisch war für mich wie ein Schutzschild. Die Tatsache, dass es globale Medien gibt, ist für mich ein Segen. Ich fühle mich von ihrer Macht beschützt: von ihrer Reichweite, davon, dass sie auf Englisch arbeiten. Und im Moment brauche ich diesen Schutz auch hier.«

Die Sitzung näherte sich dem Ende, also sagte ich: »Ella, Sie haben am Anfang gesagt, dass Sie sich Sorgen machen, Sie könnten wie eine verwöhnte Göre wirken. Von dem wenigen her, dass Sie mir erzählt haben, würde ich sagen, dass Sie auf jeden Fall Grund haben, einen Ort zu suchen, an dem Sie Ihre Gefühle und Ihre Gedanken sortieren können. Ich hoffe, dass ich Ihnen dabei helfen kann, aber ich glaube nicht, dass dieser Prozess kurz sein wird.«

## Der Schatten des Holocaust auf der Psyche eines Mädchens

Ellas Eltern wurden nach dem Zweiten Weltkrieg geboren. Sie wuchsen in einer Zeit auf, in der die Diktatur und der Holocaust in Deutschland ein Tabuthema darstellten. Zu viele von denen, die am Unaussprechlichen beteiligt gewesen waren, lebten noch, und die deutsche Gesellschaft wäre vielleicht zerbrochen, hätte man die Verstrickungen jedes Einzelnen im Detail untersucht. Ellas Familie breitete den Mantel des Schweigens über das Thema, zumal in der Zeit, als ihr Großvater noch am Leben war. Als sie fragte, was ihr Großvater im Krieg getan habe, lautete die Antwort: »Er war bei der Wehrmacht, so wie jeder andere auch.« Wie Ella später herausfinden sollte, wussten auch ihre Eltern nicht viel über das, was er im Krieg genau getan hatte, aber sie wussten, dass er bei der SS gewesen war. Nach dem Tod des Großvaters durchstöberte Ella, die mittlerweile im Teenageralter war, dessen Wohnung, weil ihre Eltern ihr gesagt hatten, sie dürfe sich ein paar Sachen aussuchen. Dabei fand sie ein SS-Abzeichen. Sie erzählte ihren Eltern nichts davon und versteckte den Fund in ihrem Zimmer. Ella recherchierte ein wenig, und es stellte sich heraus, dass es sich um das Rangabzeichen eines Obersturmbannführers handelte. Daraufhin wollte sie ihren Geschichtslehrer befragen, doch der wimmelte sie ab.

Ella vertiefte sich fieberhaft in die Lektüre über verschiedene Perspektiven auf den Holocaust. Sie suchte den Rektor ihres

Gymnasiums auf und bat darum, in einen anderen Geschichtskurs wechseln zu dürfen, da sie eine Arbeit zum Thema schreiben wollte. Der Rektor lehnte ihre Anfrage ab, doch Ella blieb hart. Schließlich überreichte er ihr eine kurze Aktennotiz, in der er sein Sekretariat anwies, sie dem anderen Kurs zuzuteilen.

Einige Zeit später stellte Ella ihre Eltern zur Rede. Sie hätten wirklich keine Ahnung gehabt, was der Großvater im Krieg getan hatte, sagten sie – was sich als wahr herausstellen sollte, wenn auch aus dem simplen Grund, dass sie ihn nie gefragt hatten. Sie hatten ihn nur gebeten, seine Erinnerungsstücke zu verstecken. Sie fürchteten, der Umstand, dass er in der SS gewesen war, könne Schande über die Familie bringen, auch über die Enkelkinder. In diesem Moment verlor Ella jeden Respekt für ihre Eltern. Und dann sagte sie einen Satz, den sie später schwer bereuen würde: »Wenn die Deutschen damals so feige waren wie ihr heute, ist es ja kein Wunder, dass die Nazis alles machen konnten, was sie wollten.«

Als Ella zu mir kam, schien ihr emotionales Leben erstarrt zu sein. Ihre Stimme verriet keinerlei Gefühlsregung. Zwischen den Zeilen konnte ich jedoch nach und nach ihre innere Zerrissenheit erkennen. Auf der einen Seite war sie überzeugt, dass ihre Eltern erbärmliche Kleinbürger ohne moralisches Rückgrat waren. Als sie sich intensiver mit Zeitgeschichte befasste, realisierte sie jedoch, wie schwierig es in den fünfziger und sechziger Jahren gewesen war, solche Fragen zu stellen. Bei diesem Gedanken empfand Ella etwas Mitgefühl für ihre Eltern. Als sie aus dem kleinen Ort, in dem sie aufgewachsen war, wegzog, um in einer großen deutschen Stadt zu studieren, lernte sie, wie man in Archiven recherchiert. Relativ bald fand sie Material über ihren Großvater. Er hatte unter anderem im Südosten Polens und in der nördlichen Ukraine gedient, in der Gegend also, die der Historiker Timothy Snyder in seinem gleichnamigen Buch als »bloodlands« bezeichnet hat, als »Blutlandschaften«. Ich fragte sie, was sie noch herausgefunden hatte. Trocken entgegnete sie zunächst bloß: »Eigentlich nicht viel.«

Bei unserem nächsten Termin kam sie herein, setzte sich, sah mir direkt in die Augen und sagte: »Ich habe wirklich nicht sehr viel mehr über ihn herausgefunden. Die Aufenthaltsorte deuten darauf hin, dass er wahrscheinlich an der Ermordung von Juden beteiligt war. Aber ich schätze, ab diesem Punkt hatte ich einfach nicht mehr den Mut, tiefer zu graben. Ich hatte das Gefühl, dass ich darüber mit meinen Freunden und meiner Familie nicht sprechen konnte, jedenfalls nicht mit meinem kleinen Bruder, der damit zufrieden war, mit seinen Freunden Fußball zu schauen und Bier zu trinken. Ich wusste einfach nicht, wie um alles in der Welt ich weiterleben sollte, wenn ich am Ende tatsächlich herausfinden würde, dass er Einsatzgruppen kommandiert hatte oder an der Organisation der Lager beteiligt gewesen war. Das ist die armselige Wahrheit: Ich, die ich heute von Diktatoren auf der ganzen Welt für meine Recherchen und Interviews gefürchtet werde, konnte im Fall meiner eigenen Familie nicht bis zum Ende gehen. Dadurch wird mein ganzes Leben zu einem Betrug.«

»Ich hoffe, Sie erlauben mir, dass ich Ihnen da widerspreche. Ich glaube, dass Ihr Zögern Sie schlicht menschlich macht. Wissen Sie, ich habe schon mit vielen starken und mutigen Menschen gearbeitet, die irgendwann an einen Punkt gekommen waren, wo sie über bestimmte Aspekte ihrer Familiengeschichte nicht noch mehr erfahren wollten. Und da sprechen wir über viel harmlosere Dinge als das, was Sie damals nicht herausfinden wollten und wahrscheinlich auch heute nicht herausfinden wollen. Sie kennen vermutlich T. S. Eliots Satz: ›Die Menschheit kann nicht sehr viel Wirklichkeit ertragen.‹ Das ist einer der Gründe, weshalb mein Beruf existiert.«

»Jetzt klingen Sie wie ein professioneller Therapeut, der die Fassade aufrechterhalten will. Ich glaube nicht, dass Sie das fühlen, was ich fühle.«

»Warum?«

»Ich habe Ihnen erzählt, dass ich zu Ihnen kam, weil Sie Jude sind. Ich wollte sozusagen jemanden von der anderen Seite, jemanden, der mich dazu zwingen würde, dem vollen Grauen ins Auge zu blicken, der Wahrheit über meinen Großvater. Ich erinnere mich, irgendwo gelesen zu haben, dass die Familie Ihrer Mutter im Holocaust fast vollständig umgebracht wurde, also sind Sie ganz sicher nicht gleichgültig gegenüber dem, was passiert ist.«

»Das bin ich ganz sicher nicht. Aber was hat das mit Ihnen zu tun? Wir sprechen hier schließlich nicht über mich. Wir sprechen darüber, was Ihre Psyche in bestimmten Phasen Ihres Lebens aushalten oder nicht aushalten konnte.«

»Ah, ich sehe schon. Tout comprendre c'est tout pardonner«, erwiderte sie sarkastisch.

Ich fühlte mich etwas hilflos: »Ella, was soll ich Ihrer Meinung nach sagen?«

»Dass Sie mich verachten. Dass Sie es bereuen, mich in Behandlung genommen zu haben. Dass ich die Wahrheit hätte ausgraben sollen, auch wenn es inzwischen zu spät ist, um ihn noch vor Gericht zu bringen.«

»Glauben Sie, dass Sie das tun würden, wenn er noch am Leben wäre?«, fragte ich.

Ella zögerte. »Ich weiß es wirklich nicht. Merkwürdigerweise glaube ich beinahe, ja.«

»Unabhängig davon, was Sie Ihrer Familie damit antun würden? Sie wären dann die große Heldin, aber die anderen müssten für den Rest ihrer Tage mit der Schande zurechtkommen ...«

»Warum sollte mich das kümmern? Das sind doch nur Feiglinge, elende Mitläufer.«

»Aber das kümmert Sie durchaus. Sie haben mir nun schon einige Male erzählt, wie sehr Sie es bereuen, Ihren Eltern gesagt zu haben, dass Menschen wie sie das Naziregime überhaupt erst möglich gemacht haben.«

Ella schwieg eine Weile und sinnierte dann: »Also warum interessiert mich das überhaupt?«

»Weil das Ihre Eltern sind. Und nach allem, was Sie mir erzählen, sind das ganz anständige Leute. Ja, sie sind keine großen Helden. Aber das sind die allermeisten Menschen nicht. Hören Sie, Ella, ich denke nicht, dass Sie das schreckliche Dilemma, in dem Sie sich befinden, wirklich verstehen. Es scheint so, als hätten Sie alle Gefühle für Ihre Eltern ausgemerzt, außer der Verachtung. Ich gehe jedoch davon aus, dass Sie sie weiterhin lieben, auch wenn Sie das nicht bewusst spüren.«

Und plötzlich, ohne dass ich darüber nachdachte, was ich im Begriff war zu sagen, und ohne dass ich einen klaren Beleg dafür gehabt hätte, fuhr ich fort: »Und wissen Sie was? Ich glaube, einer der Gründe, weshalb Sie nicht herausfinden wollen, was Ihr Großvater getan hat, ist, dass ihre Eltern noch leben und dass Sie sie nicht unglücklich machen wollen.«

Ella wirkte verblüfft. Mehr als zwanzig Jahre lang hatte sie mit einem simplen Bild von ihren Eltern gelebt: kleine, verachtenswerte Leute. Die Vorstellung, dass ihre Gefühle den Eltern gegenüber sehr viel komplexer sein könnten, ließ langsam den Damm brechen, den sie gegen den unerträglichen Komplex aus Verachtung, Schuld, Hass und Liebe errichtet hatte, den sie für ihre Eltern empfand. Auf der bewussten Ebene hatte sie ihr ganzes Leben so eingerichtet, dass sie sich möglichst stark von ihnen unterschied und abgrenzte, und das war ihr sicherlich gelungen: Sie war das Gegenteil des konformistischen Kleinbürgers, hatte sich sogar einen Namen mit ihrer erbarmungslosen Integrität gemacht. Sie hatte ihre deutschen Wurzeln zwar nie verborgen, das Land jedoch früh verlassen. Sie hatte ihr Studium in den USA abgeschlossen, nie in Deutschland oder für ein deutsches Medium gearbeitet und tat alles dafür, nicht Deutsch sprechen zu müssen. Sollte es also wirklich so sein, dass sie auf irgendeiner Ebene doch noch Liebe und Mitgefühl für ihre Eltern empfand, die sie schließlich mit Liebe und Fürsorge großgezogen und immer ein anständiges Leben geführt hatten, auch wenn sie nicht wussten, wie sie mit der Vergangenheit des Großvaters umgehen sollten?

Von den fünf Therapien, die ich in diesem Buch schildere, bin ich in Ellas Fall mit dem Ergebnis am wenigsten zufrieden, weil ich ihr nicht wirklich helfen konnte. Die Sitzungen waren unregelmäßig. Meistens hatte sie gute Gründe abzusagen. Ihr Zeitplan war sehr hektisch, und weil sie oft unvorhergesehene Aufträge bekam, wusste sie fast nie mit Sicherheit, wo sie am nächsten Tag sein würde. Aber uns beiden war klar, dass das nicht der Grund war, weshalb die Therapie nie richtig in Fahrt kam. Es war, als ob der furchtbare Schock, als Sechzehnjährige die Vergangenheit ihres Großvaters zu entdecken, dazu geführt hatte, dass in ihrer Psyche Mauern wuchsen, an denen sie nicht zu rütteln wagte, obwohl sie dafür einen sehr hohen Preis zahlte. Umgeben von Freunden, war sie doch einsam. Sie wollte nicht über ihre Sexualität sprechen, aber mein Eindruck war, dass sie auch in dieser Hinsicht von Konflikten geplagt wurde. Einmal erwähnte sie, dass Männer sie oft »die Eiskönigin« nannten. Wegen ihrer Schönheit und ihres Ruhms machten viele ihr den Hof, aber soweit ich wusste, ließ sie niemand an sich heran.

Schließlich kam der Tag, als sie einen dringenden Telefonanruf erhielt: Ihr Vater hatte einen schweren Herzinfarkt erlitten und würde wahrscheinlich an den Folgen sterben. Sie rief mich an und sagte mir das ganz nüchtern. Und sie teilte mir mit, dass sie sich keine besondere Mühe geben würde, ihn noch einmal lebend zu sehen. Diesmal war ich unnachgiebig und redete ihr ins Gewissen: »Ella, versuchen Sie doch, ihn zu besuchen. Es ist nicht nur wichtig für ihn, sondern auch für Sie, denn Sie würden es sich nie verzeihen, wenn Sie es nicht wenigstens versucht haben.« Sie antwortete nicht einmal auf meine Bitte. Weil sie sich gerade in einer abgelegenen Gegend mit schlechten Flugverbindungen aufhalte, würde sie ohnehin nicht rechtzeitig ankommen, sagte sie nur. Also verschob sie ihren Flug bis zur Beerdigung. Sie blieb ein paar Tage und flog dann zu ihrem nächsten Auftrag. Wenig später bekam ich eine Mail von ihr, in der es hieß, sie sei jetzt zu beschäftigt für eine Therapie und würde sich bald wieder melden, allerdings habe ich bis zum heutigen Tag nie wieder von ihr gehört. Deswegen kann ich nicht sagen, wo mein Fehler lag: Hatte ich sie zu sehr gedrängt? Hatte ich ihr Bedürfnis missachtet, die Schutzmauern aufrechtzuerhalten, solange sie sie noch benötigte? Oder war mir ein entscheidender Punkt in der Struktur ihrer Psyche entgangen? Hätten wir uns mehr mit ihrer Gegenwart beschäftigen sollen als mit der Vergangenheit? Immer wenn ich sie im Fernsehen sehe, spüre ich Schmerz und Bedauern darüber, dass ich ihr nicht wirklich helfen konnte.

Natürlich ist Ellas Geschichte sehr speziell. Aber ein Aspekt rührt an den Kern der Identität vieler liberaler Kosmopoliten: Wie wir schon bei Jeff, Naomi, Dan und Mark gesehen haben, empfinden viele von ihnen den Raum ihrer Herkunft als beengend, ja beinahe erdrückend. Für alle fünf war es eine ungeheure Erleichterung, als sie herausfanden, dass es Länder, Kontinente und Kulturen umspannende Netzwerke gab, in die sie sich einklinken konnten. Kosmopolitismus wird dadurch mehr als nur praktische Weltläufigkeit und ein Werkzeug zum Erfolg: Er wird das Zentrum einer Identität. Leute wie die hier porträtierten liberalen Kosmopolitinnen mögen die Städte lieben, in denen sie leben, ob sie nun San Francisco heißen oder Paris, London, Tel Aviv oder Bangalore. Aber sie haben ein instinktives Bedürfnis danach, zu wissen, dass sie jederzeit woanders hingehen können. Und sie haben das Gefühl, dass ihre Netzwerke nicht nur mächtig sind, sondern dass sie das Beste verkörpern, was die Menschheit zu bieten hat: Rationalität, Gerechtigkeit, Menschlichkeit.

# Die Identitäten und Werte der neuen Kosmopoliten

Bevor ich mich im dritten Teil dieses Buches im engeren Sinne politischen Aspekten widme, sind ein paar abschließende Bemerkungen zu den intimen Porträts unserer fünf Protagonisten angebracht. Fallstudien aus der psychotherapeutischen Behandlungspraxis können dazu dienen, abstrakten Verallgemeinerungen ein Gesicht zu geben und paradigmatische Probleme leichter nachvollziehbar zu machen. So können solche Fallstudien, ähnlich wie die Romane, mit besonderer emotionaler Tiefe einigen Merkmalen unseres Menschseins Ausdruck verleihen, wie es sich zur jeweiligen Zeit, am jeweiligen Ort und unter den jeweiligen Umständen ausprägt.

Ich hoffe, dass ein zentraler Punkt deutlich geworden ist: Die meisten liberalen Kosmopoliten, zumindest die erfolgreicheren von ihnen, sind durchaus ehrgeizig. Dass sie den Lebenswelten entfliehen wollen, in denen sie aufgewachsen sind, ist allerdings oft bloßer psychologischer Notwendigkeit geschuldet. Jeff liebte und respektierte seine Eltern, aber das Leben und die Werte der Kleinstadt kamen ihm beengend und abgestumpft vor. Sein Temperament und seine überlegene Intelligenz sehnten sich nach weiten, offenen Räumen, die er erkunden, bereisen und erforschen konnte. Naomi trug das Leiden ihrer Eltern, die den Holocaust überlebt hatten, in ihrer Seele mit sich. Aber deren Festhalten am orthodoxen jüdischen Glauben und ihre unhinterfragte Unterstützung für jegliche Maßnahmen der israelischen Politik prallten mit Naomis universalistischem Humanismus zusammen. Sie fühlte sich zerrissen zwischen der Loyalität ihren Eltern gegenüber und ihren eigenen intellektuellen und moralischen Überzeugungen. Dass sie die Schuld, sich von der Weltsicht ihrer Eltern abgewandt zu haben, nicht loswurde, führte sie dazu, eine Therapie zu beginnen.

Ich behaupte nicht, dass alle liberalen Kosmopoliten mit denselben Problemen konfrontiert sind; manche wachsen in Familien auf, die ihrem eigenen Gemüt sehr viel näher sind, und tragen deswegen nicht so viel Schuld in ihrer Seele. Nur quantitative Studien könnten zu verlässlichen Schätzungen dazu führen, wie groß der Anteil derer ist, die unter den hier beschriebenen Dynamiken leiden, aber solche Studien wären logistisch und methodologisch sehr schwierig durchzuführen. Im Augenblick kann ich daher nur sagen, dass ich intuitiv zu der Vermutung neige, dass ein beträchtlicher Teil der liberalen Kosmopoliten zumindest an der Angst leidet, sie hätten in ihrem Leben nicht genug geleistet. Dazu kommt fast immer eine oder mehrere der oben beschriebenen Dynamiken.

Das gängige Stereotyp über die liberalen Kosmopolitinnen lautet, sie seien egoistische Profiteure der Globalisierung, die sich in Selbstzufriedenheit über ihr Bildungsniveau, ihren anspruchsvollen Geschmack und ihren beruflichen Erfolg suhlen. Ich hoffe, dass meine Fallstudien einerseits dazu beitragen, einige dieser Stereotype zu zerstreuen; und dass sie andererseits liberalen Kosmopoliten helfen, ihre eigenen Dilemmata besser zu verstehen und sich mit ihren Sorgen weniger einsam zu fühlen.

# III.

## Die neuen Kosmopoliten und die Politik: Errungenschaften und Versäumnisse

# 1. Die Ursprünge der neuen Kosmopolitinnen – und ihrer Fehleinschätzungen

Die liberalen Kosmopoliten, um die es in diesem Buch geht, sind keineswegs eine vollkommen neue Erscheinung. Vielmehr hat es in der Vergangenheit immer wieder Gruppen von Menschen gegeben, die über nationale Grenzen hinweg kooperierten und zu ihrer Zeit erheblichen Einfluss auf den Lauf der Geschichte hatten. Frühe Beispiele dafür sind die Schulen der hellenistischen Philosophen: Platons Akademie, die stoische Schule, die der Epikureer und die peripatetische des Aristoteles, an denen vor allem Logik und Rhetorik gelehrt wurden. Diese Schulen gerieten bisweilen mit den herrschenden Klassen in Konflikt, da sie die religiösen Glaubenssätze ihrer Polis nicht teilten und auch offen kritisierten. Die aristotelische Schule entfaltete im Mittelalter bedeutende Nachwirkungen: zunächst im Riesenreich der muslimischen Kalifate über wichtige Gelehrte wie die spanisch-arabischen Philosophen Ibn Rushd (im Westen als Averroës bekannt, 1126-1198) und Maimonides (ca. 1135-1204), dann in Thomas von Aquins (1225-1274) gewaltigem Werk, das im Neuthomismus bis heute weiterlebt. Der von Platon beeinflusste Renaissance-Humanismus, der die frühe Neuzeit mit seinem Denken und seiner Kunst entscheidend prägte, beruhte in erster Linie auf der Wiederentdeckung der hellenistisch-römischen Literatur und der Wiederbelebung der in ihr überlieferten Denkweisen.

Der für die Entwicklung der modernen westlichen Welt ausschlaggebende gemeinsame Nenner dieser Gruppen war ihre dezentrale Struktur: Sie waren nicht auf einen einzigen, festen Ort beschränkt, sondern als *Netzwerke* organisiert – zusammengehalten durch die ausufernde Korrespondenz ihrer Mitglieder und den Austausch von Manuskripten beziehungsweise (ab Mitte des 15. Jahrhunderts) Büchern. Deshalb benutzte der Begründer der modernen Physik und Chemie, der Forscher Robert Boyle (1627-1691), für die damalige Gemeinschaft der Naturphilosophen (die wir heute Naturwissenschaftler nennen würden) das Bild einer »unsichtbaren Universität«. Zuweilen gründeten die so miteinander verbundenen Gelehrten auch formelle Organisationen, etwa die Royal Society in London, die, modern gesprochen, einer der zentralen Knotenpunkte des aufgeklärten Denkens und der wissenschaftlichen Revolution im 17. und 18. Jahrhundert war.

Andere Gruppierungen scheuten die Öffentlichkeit, etwa die Vertreter der Radikalaufklärung (vgl. Israel 2001), die einem rein naturalistischen und atheistischen Weltbild anhingen und deren Urvater Baruch de Spinoza (1632-1677) war, dessen Schriften im Verborgenen gedruckt und unter der Hand in ganz Europa weitergegeben wurden. Spinoza korrespondierte ausführlich mit den wichtigsten Gelehrten seiner Zeit, etwa mit Leibniz und dem langjährigen Sekretär der Royal Society, Henry Oldenburg (1618-1677, Oldenburg gilt u. a. als Erfinder des Peer-Review-Verfahrens). Ihr Netzwerk umfasste immerhin einige hundert Personen. Gleiches gilt für die *Philosophes*, den Kreis aufrührerischer Philosophen, Essayisten, Dramatiker und Freidenker, die sich im 18. Jahrhundert im Pariser Salon des Barons d'Holbach um Diderot, d'Alembert, Rousseau und viele kleinere Koryphäen im Schatten des einflussreichen Voltaire versammelten, der nur selten persönlich teilnehmen konnte, weil ihm ständig die Behörden auf den Fersen waren.

Im Zuge der Herausbildung des modernen Universitätssystems verfestigten sich diese Netzwerke zu Institutionen, die Forschung und Lehre verbanden und sich radikal von den herkömmlichen Universitäten unterschieden, die seit dem 13. Jahrhundert vor allem als Ausbildungsstätten für den Klerus gegründet worden waren. Dennoch war die vielbeschworene Gemeinschaft der Wissenschaftler und Forscher auch danach noch zumeist in Form von Netzwerken organisiert und viel seltener als physischer Ort unmittelbarer persönlicher Begegnung. Die Kommunikation fand vor allem über die neue Institution wissenschaftlicher Journale und natürlich über Bücher statt, die das Weltbild des Westens radikal verändern sollten.

Man sieht: Die neuen Kosmopolitinnen von heute, die ihr Einkommen und ihre Identität globalen Netzwerken verdanken, sind keine *qualitativ* neue Erscheinung – allerdings hat ihre beispiellose *quantitative* Zunahme die Welt verändert. Noch Anfang des 20. Jahrhunderts hatten fünfundneunzig Prozent der Einwohner moderner Staaten nie eine Universität besucht – und damit auch keinen Zugang zu dem in Universitätsbibliotheken gespeicherten Wissen. Nach dem Zweiten Weltkrieg änderte sich das Verhältnis dramatisch, zunächst in den USA, wo die G. I. Bill jedem Kriegsteilnehmer finanzielle Unterstützung für die Aufnahme eines Studiums zusicherte. Heute können etwa vierzig Prozent der Mitglieder moderner Gesellschaft zumindest irgendeine Form der Hochschulbildung vorweisen, und ein signifikanter Anteil von ihnen verfügt über höhere Abschlüsse, die inzwischen zu einer praktisch unumgänglichen Voraussetzung für den Zugang zu den prestigeträchtigen und lukrativen Jobs in der Industrie, der Finanz- und der Technologiebranche, der Wissenschaft, der Politik und den Medien geworden sind.

Zur Gruppe dieser neuen Kosmopolitinnen zählen zwischen zwanzig und dreißig Prozent der Bevölkerung entwickelter Gesellschaften, also alles in allem etwa zweihundert bis dreihundert Millionen Menschen. Diese unfassbare Größe wurde erst durch die explosionsartigen Fortschritte der Kommunikationstechnologien möglich. Die Briefe, die Spinoza und Oldenburg wechselten, kreuzten den Kontinent mit der Geschwindigkeit von Pferden und Segelschiffen, die neuen Kosmopolitinnen korrespondieren buchstäblich in Lichtgeschwindigkeit via E-Mail, WhatsApp, Facetime oder Skype.

# Die neuen Kosmopolitinnen als Erben
## der Aufklärung

Im 18. Jahrhundert publizierten die französischen *philosophes* ihre Werke bereits offen und spielten Katz und Maus mit den Autoritäten. Zwar wurde zuweilen jemand für kurze Zeit hinter Gitter gebracht, aber niemand mehr mit dem Tode bedroht. Im Lauf jenes Jahrhunderts gewannen die Naturwissenschaften mit den phänomenalen Fortschritten der Physik, Chemie und Geologie allmählich immer mehr Prestige, zugleich wirkte der Kampf der Kirche gegen die neue Kosmologie zunehmend aussichtslos. Unter der Führung Voltaires wurden die Religion und die feudale Gesellschaftsstruktur einer mitleidlosen Kritik unterzogen. Diese Entwicklung gipfelte in den USA in der Gründung der ersten demokratischen Republik auf dem Planeten sowie in Europa in der Französischen Revolution.

Die *philosophes* nahmen auch den Provinzialismus aufs Korn, also das tief verwurzelte Vorurteil, dass allein die französischen Sitten und Gebräuche ein zivilisiertes Leben ermöglichten. Das bekannteste Beispiel sind Montesquieus *Persische Briefe* (1721), in denen zwei fiktive persische Reisende von den merkwürdigen Gewohnheiten und dem Mangel an Finesse in Frankreich berichten. Voltaire griff diese Form mit seinen *Philosophischen Briefen* (1733) aus England auf, in denen er darlegte, dass die Briten erheblich fortschrittlicher und rationaler seien als die Franzosen. Bei der breiten Bevölkerung machten sich die Aufklärer damit natürlich nicht gerade beliebt.

Denn nicht allein die Aristokraten und Kleriker, die als Erste ihre Macht verlieren würden, wenn man die Ideen der Aufklärung in die Tat umsetzte, waren Anhänger der überkommenen Traditionen. Atheismus etwa war bis weit ins 19. Jahrhundert hinein für die meisten Menschen nicht einmal eine Option – die schmale Elite von Freidenkern, die ihn vertraten, wurde von den Kirchen, aber auch von großen Teilen der Bevölkerung dämonisiert, die aus der organisierten Religion Trost, Alltagsstruktur und Lebenssinn bezogen.

Auch einige einflussreiche Intellektuelle, darunter Koryphäen wie Goethe, Schlegel oder Novalis, lehnten die Aufklärung noch im späten 18. Jahrhundert ab. Die Romantik war nicht zuletzt eine antiaufklärerische Bewegung. Ihre Protagonisten beschimpften die naturwissenschaftliche Weltsicht als kalt und seelenlos und wollten die von den Aufklärern betriebene Entmystifizierung der Natur rückgängig machen. Vor allem aber, und das ist auch relevant für den Stand der Dinge am Anfang des 21. Jahrhunderts, stellten sich die Romantiker entschieden gegen das Menschenbild und die politischen Ansichten der Aufklärer. In ihren Augen lief deren Versuch, die menschliche Natur auf eine Reihe abstrakter Gesetzmäßigkeiten zurückzuführen, auf eine Entwertung des wahren Reichtums und der Vielfalt der menschlichen Existenz hinaus. Von Johann Gottfried Herder an behaupteten sie, der Mensch könne nur innerhalb seiner spezifischen Kultur und Sprache verstanden werden. Sie stellten sich gegen den Universalismus der Aufklärung und beharrten darauf, dass Nation, Kultur und Boden eine unteilbare Einheit bildeten – eine These, die ab dem Ende des 19. Jahrhunderts zu einer der Grundlagen des faschistischen Denkens wurde, das von Frankreich aus rasch auf Italien und Deutschland übergriff (Sternhell 1999 [1994]).

Heute steht die übernationale, universalistische Perspektive, die die liberalen Kosmopoliten der Gegenwart von der Aufklärung geerbt haben, einmal mehr unter Beschuss, und keineswegs nur seitens eines politischen Islam, der über Jahrzehnte als Hauptfeind der freiheitlichen Ordnung galt. Denn auch in ihren westlichen Kernländern selbst wird diese Ordnung heftig angefeindet und von diversen rechten Populismen attackiert.

# Was den liberalen Kosmopoliten
vorgeworfen wird

Die liberalen Kosmopolitinnen sind für die globale Wissenschaft und Wirtschaft unentbehrlich. Sie bilden die Speerspitze im weltweiten Kampf gegen Menschheitsgefahren wie Krebs, Klimawandel, Terror (keineswegs nur islamistischen), Armut und ökonomische Ungleichheit, die jeden von uns bedrohen. Dennoch sind diese Erben der Aufklärung keineswegs bei allen beliebt. Die Vorhaltungen, die gegenwärtig dem Liberalismus im Allgemeinen und den pauschal als »entkoppelte Eliten« bezeichneten Kosmopoliten im Besonderen gemacht werden, ähneln auf gespenstische Weise jenen, die Traditionalisten, Monarchisten und Verteidiger herkömmlicher Religionen gegen die Aufklärer des 17. und 18. Jahrhunderts vorbrachten.

Erstens: Sie seien nirgendwo verwurzelt, hätten sich von lokalen Bräuchen gelöst und träten, wo sie auch hinkämen, den einheimischen Traditionen mit Geringschätzung gegenüber. Sie hielten nichts von bodenständiger Hausmannskost, sondern zögen ihre globalisierten Essgewohnheiten zwischen chinesischer, mexikanischer, veganer oder Steinzeitküche vor. Herkömmliche populäre Musik lasse sie bestenfalls gleichgültig, schlimmstenfalls flöße sie ihnen Abscheu ein, während sie auf ihren Smartphones Sammlungen von Hip-Hop-, Jazz- oder Klassik-Alben kuratieren. Aufgrund all dieser Dinge werfen ihnen populistische Politikerinnen, die sich als Sprachrohr der »wahren« Franzosen/Deutschen/Österreicher/Amerikaner/Ungarn etc. gerieren, vor, keine »echten« Franzosen, Deutschen etc. zu sein.

In letzter Konsequenz rühren die zuweilen offen hasserfüllten Ressentiments gegen die liberalen Kosmopoliten möglicherweise von ihrer selbstbewussten Angewohnheit her, nicht nur hinsichtlich Politik und Weltgeschehen, sondern auch in punkto Mobilität, Ernährung oder Kindererziehung zumindest implizit ein Monopol auf valide und durchdachte Ansichten für sich zu beanspruchen. Diesen – manchmal auch expliziten – Anspruch begründen sie mit ihrem höheren Bildungsstand oder auch mit der regelmäßigen Lektüre relevanter Qualitätszeitschriften oder -zeitungen. Der Vorwurf, dass die liberalen Kosmopolitinnen die Ansichten weniger gebildeter Menschen zuweilen geringschätzen, entbehrt also nicht jeder faktischen Grundlage. In der Tat neigen linke Intellektuelle, Künstler und Forscherinnen zu einer universalistischen und progressiven Anschauung, in der lokale Perspektiven grundsätzlich hinter globalen Sichtweisen zurückbleiben müssen. Wenn sie weniger Gebildeten überhaupt zuhören, so zumindest der Eindruck, dann nur, weil es ihnen politisch nützt, nicht etwa, weil sie deren Meinungen Bedeutung beimessen würden.

Jeff, den wir in Kapitel II.1 kennengelernt haben, wusste das nur zu gut. Eine seiner früheren Studien hatte gezeigt, dass die abfälligen Reden der Hochgebildeten über weniger gebildete Menschen bei Letzteren starke Abwehrreaktionen und Ressentiments auslösen. Er startete ein neues Forschungsprojekt, um Gesprächsstrategien zu entwickeln, die solche Gegenreaktionen verhindern und stattdessen zumindest ein Gespräch zwischen den »Anywheres« und den Wählern populistischer Parteien möglich machen sollten. Doch leider war das Ergebnis mehr als enttäuschend: Es zeigte sich, dass es sehr schwer, wenn nicht unmöglich ist, Meinungsänderungen bei Menschen herbeizuführen, deren Selbstwertgefühl in wesentlichem Maß auf ihrer kollektiven Identität als »Deutscher«, »Französin«, »Polin«, »Katholik«, »Jüdin« usw. beruht.

Zentrale Überzeugungen zu ändern ist ein äußerst komplexer Vorgang, was keinesfalls allein mit einem Mangel an Intelligenz oder Bildung zu tun hat. Wir haben in einem der Fallbeispiele oben gesehen, wie kompliziert ein solcher Prozess tatsächlich ist. Mark gehört mit Sicherheit nicht zu David Goodharts »Somewheres«: Er verdient sehr gut, sein Job führt ihn um die Welt. Er besitzt einen vorzüglichen Geschmack und erstklassige Manieren. Und doch hatte ihn sein streng katholischer Glaube zu tiefer Einsamkeit verurteilt, weil er es ihm unmöglich machte, seine Homosexualität offen zu leben. Seiner Kultiviertheit zum Trotz war seine Vorstellung von Religion derart fundamentalistisch, dass er seine Sexualität geheim hielt und sich nicht gestattete, an der Messe oder gar der Kommunion teilzunehmen. Wir haben auch gesehen, dass ein langer, intensiver therapeutischer Dialog nötig war, damit Mark begreifen konnte, dass auch ein anderes Verständnis von Katholizismus möglich ist. Dieser Prozess geriet notwendigerweise immer wieder ins Stocken, weil die in seiner Kindheit erworbenen Glaubensvorstellungen Marks Psyche derart profund geformt hatten, dass er zutiefst überzeugt war, entweder den katholischen Glauben oder seine Homosexualität aufgeben zu müssen – was er beides weder wollte noch konnte.

Da Mark akademischen Lehrveranstaltungen über moderne Religionstheorie absichtlich aus dem Weg gegangen war, kannte er keinen der vielen katholischen Denker, die sich wie Pierre Teilhard de Chardin oder Jacques Maritain bemüht haben, Brücken zwischen dem traditionellen Katholizismus und der Moderne zu bauen. Er war verblüfft, dass einige bedeutende homosexuelle Künstler, etwa Andy Warhol, praktizierende Katholiken gewesen waren; er hatte sich so etwas schlicht nicht vorstellen können. Es haute ihn um, als er erfuhr, dass Tennessee Williams schwul gewesen war und seine Stücke bewusst mit katholischer Symbolik ausgestattet hatte. Als Mark sich näher mit diesen Aspekten auseinanderzusetzen begann, stieß er auf das Werk John Eastburn Boswells (1947-1994), eines schwulen Historikers an der Yale University, der als Teenager zum katholischen Glauben konvertiert war und täglich zur Messe ging, obgleich er die Haltung seiner Kirche zur Homosexualität ablehnte.

Mark hatte genügend Zeit, geistige und materielle Ressourcen, um die Transformation zu durchlaufen, durch die er schließlich seinen Frieden fand. Ich bin froh, dass ich ihn in diesem Prozess unterstützen konnte, bei dem auch ich selbst viel gelernt habe. Wenn ich aber daran denke, wie lange Mark gebraucht hat, um ein neues Gleichgewicht herbeizuführen, frage ich mich jedes Mal, wie man überhaupt auf die Idee kommen kann, die Ansichten großer Wählergruppen zu ändern, die zutiefst an religiöse oder nationalistische Überzeugungen gekoppelt sind und die sich aus Personen zusammensetzen, die keinerlei Kontakte zu Menschen haben, die als Mentoren eines solchen Prozesses fungieren könnten. Vergessen wir schließlich nicht, dass Mark sehr wohl einen Preis für seine Entwicklung zu zahlen hatte: Er kann religiöse Feiertage nicht mehr im Kreis seiner Familie verbringen, weil die sich weigert, auch seinen Lebenspartner dazu einzuladen.

Außerdem bedurfte es eines erheblichen räumlichen Abstands zu seiner Familie, damit Mark zu seiner eigenen Ansicht und Lebensweise finden konnte. Darin ähnelt seine Geschichte der vieler neuer Kosmopolitinnen – und scheint auf den ersten Blick die verbreitete Ansicht zu bestätigen, dass diese Menschen keinerlei Loyalität gegenüber ihrer Herkunft verspüren. Tatsächlich fühlen sich die neuen Kosmopoliten, besonders jene Untergruppe, die Robert Reich als internationale Klasse der »Symbolanalytiker« und Richard Florida als »superkreativen Kern« bezeichnet hat (vgl. Kapitel I.1), nicht im Geringsten verpflichtet, ihrer Heimatstadt oder auch nur ihrem Heimatland treu zu bleiben. Darin liegt eine Quelle erheblicher Bitterkeit für diejenigen, denen es an international vermarktbaren Fach- oder entsprechenden Sprachkenntnissen mangelt. Sie wissen zwar, dass der Wohlstand ihrer Länder von den multinationalen Konzernen abhängt, die dort direkt oder indirekt Arbeitsplätze schaffen, und dass die von diesen Konzernen umworbene Klasse der Kreativen entscheidend zu deren ökonomischem Erfolg beiträgt. Sie wissen auch, dass die Führungsebenen von Unternehmen, Universitäten oder im Gesundheitssektor immer internationaler besetzt sind, und sie merken natürlich, dass sie in ihrem Alltag weit öfter Fremdsprachen zu hören bekommen, als ihnen lieb ist. Die »Somewheres« spüren, dass ihr Schicksal von den Entscheidungen einer globalen Elite abhängt, die von der Globalisierung profitiert, der sie vollkommen gleichgültig sind und die sie zu Spielbällen gewaltiger ökonomischer Kräfte macht, die sie nicht beeinflussen können. Mit anderen Worten: Die »Somewheres« haben den Eindruck, dass sie von den Kosmopoliten keinerlei Solidarität erwarten können.

Das spiegelt sich auch in Ellas Geschichte wider. Sie stammt aus Deutschland, wollte aber keinesfalls im deutschsprachigen Raum leben. Von ihren frühen Erwachsenenjahren an arbeitete sie im Ausland und ausschließlich für englischsprachige Sender. Ihre Familie stand dem ambivalent gegenüber: Einerseits waren ihre Eltern und ihr Bruder stolz auf die bekannte Fernsehjournalistin, andererseits fühlten sie sich in ihrer Gegenwart unwohl: Ellas Weltgewandtheit gab ihnen das Gefühl, beschränkt und provinziell zu sein. Sie hassten ihre implizite Überlegenheit, die Ungeduld, mit der sie zuhörte, wenn sie ihre Ansichten äußerten. In jeder Sekunde schien sie zu denken: »Was wisst ihr denn schon?«, auch wenn sie nach außen hin höflich und freundlich blieb. Zudem irritierte sie das Gefühl, dass Ella alle Verbindungen zu dem Umfeld gekappt hatte, in dem sie selbst ihr gesamtes Leben verbrachten, und ein »Anywhere« geworden war. Wenn sie Ella auf dem Bildschirm erblickten, kam sie ihnen wie eine Fremde vor.

Viele, wenn nicht die meisten liberalen Kosmopoliten reagieren auf solche Vorwürfe mit Bestürzung und Hilflosigkeit. Die in Kapitel I.1 zitierten Studien zeigen, dass die Mehrzahl von ihnen erhebliches Mitgefühl für das Schicksal der ärmeren Klassen aufbringt, tief verankerte sozialdemokratische Ansichten hegt und Steuerprogression und Umverteilung von oben nach unten befürwortet. Deshalb verstehen sie auch nicht, warum die unteren Gesellschaftsschichten immer weiter nach rechts rücken und Figuren wie Donald Trump und Viktor Orbán oder der neuen rechten Koalition in Österreich zum Wahlsieg verhelfen, die leere Versprechungen abgeben und ihren unmittelbaren finanziellen Interessen regelmäßig schaden.

Die Antwort auf diese Frage ist ziemlich komplex und daher nicht leicht zu formulieren. Fangen wir mit der Behauptung der »Somewheres« an, die liberalen Eliten seien für den Verlust ihrer Arbeitsplätze verantwortlich. Mit dieser These trumpfte auch Donald Trump in seinem Wahlkampf auf, als er den Liberalen als Befürwortern der Einwanderung die Schuld daran gab, dass Millionen ehrlich arbeitender US-Amerikaner ihre Jobs an die mexikanischen »Diebe und Vergewaltiger« verloren hätten. Die Fakten sind indes andere: Studien zeigen, dass zwischen 2009 und 2014 unter dem Strich mehr Mexikaner die Vereinigten Staaten *verlassen haben*, als dorthin eingewandert sind (Gonzalez Barrera 2015). Hinzu kommt, dass die Mexikaner in den USA meist untergeordnete Dienstleistungstätigkeiten ausüben, also gerade nicht die industriellen Jobs übernehmen, auf denen der Stolz der US-amerikanischen Arbeiterklasse über Jahrzehnte hinweg beruhte. Tatsächlich entfallen zum jetzigen Zeitpunkt in den USA nur noch 8,5 Prozent der Arbeitsplätze auf das produzierende Gewerbe, und dieser enorme Rückgang hat nichts mit Immigration zu tun, sondern lässt sich auf zwei ganz andere Faktoren zurückführen: Erstens haben viele US-amerikanische Unternehmen arbeitsintensive Jobs in großem Maßstab nach Südostasien oder Lateinamerika outgesourct, wo die Arbeitskosten nur einen Bruchteil betragen und sich auch führende Unternehmen wie Apple und Nike nicht um die Bedingungen scheren müssen, unter denen ihre Produkte hergestellt werden. Der zweite Faktor ist die Automatisierung, die lange als segensreiche Befreiung von mühsamer körperlicher Arbeit galt, inzwischen jedoch ein Ausmaß angenommen hat, das manche Ökonomen befürchten lässt, die Industrieländer verurteilten wachsende Anteile ihrer Bevölkerung zu dauerhafter Arbeitslosigkeit. Zuletzt kommt noch hinzu, dass multinationale Großkonzerne in der Lage sind, sich steuerlichen Verpflichtungen weitestgehend zu entziehen. Mit der bloßen Drohung, ihre Firmenzentralen und Niederlassungen in entgegenkommendere Regionen zu verlegen, zwingen sie die Industrieländer dazu, die Unternehmenssteuern zu senken, um wenigstens einige der einheimischen Arbeitsplätze zu sichern.

Nichts von alldem ist neu, nichts die Schuld liberaler Kosmopolitinnen. Vielmehr haben gerade führende liberale, das heißt hier: sozialdemokratisch eingestellte Ökonomen wie die Wirtschaftsnobelpreisträger Joseph Stiglitz und Paul Krugman diese Entwicklungen im Detail herausgearbeitet. Zugleich haben sie auf die endemische Skrupellosigkeit der Finanzindustrie hingewiesen, die deren oberen Etagen unfassbare Reichtümer eingebracht und zugleich die Weltwirtschaft in die schlimmste Rezession seit den dreißiger Jahren getrieben hat, in der die US-Behörden große Banken und Versicherungsgesellschaften wie AIG mit dem Geld der Steuerzahler retten mussten. Liberale Ökonomen wie Nouriel Roubini hatten schon Jahre vor der Kernschmelze des Jahres 2008 vor genau diesem Szenario gewarnt, wurden aber belächelt oder wie Roubini als »Dr. Doom« verspottet – bis zu dem Tag, an dem ihre Prophezeiungen wahr wurden. Währenddessen liefen immer mehr Wähler aus den unteren Schichten zu den Republikanern über, die ihre Wahlkampagnen von Superreichen wie den Koch-Brüdern finanzieren lassen, zwei ultrakonservativen Multimilliardären, die die Bekämpfung des Klimawandels zu hintertreiben versuchen. All diesen Entwicklungen stehen die überwiegend liberal denkenden neuen Kosmopoliten ratlos gegenüber.

# Wo die neuen Kosmopolitinnen ihre eigenen Rezepte nicht befolgen

Zu den Gründen für das politische Versagen der neuen Kosmopoliten gehört nicht zuletzt, dass sie eines ihrer wichtigsten Rezepte häufig selbst nicht befolgen: Lass dich nicht von modischen Trends verwirren, sondern bilde dir anhand unabhängiger Fakten eine eigene Meinung. Ein Beispiel dafür: Seit je treten Sozialdemokraten für gesellschaftliche Solidarität ein, verstehen darunter aber vor allem ökonomische Aspekte. Und es ist ja auch lobenswert, sich dafür einzusetzen, dass Menschen aller sozialen Schichten unter menschenwürdigen Bedingungen leben und Zugang zu vernünftiger Bildung sowie medizinischer Versorgung haben. Das jedoch führt zugleich dazu, dass die Sozialdemokraten den Menschen – wie man es eigentlich von den Ideologen der Marktwirtschaft erwarten würde, denen es vor allem auf Profit und Wirtschaftswachstum ankommt – ebenfalls in erster Linie als Homo oeconomicus definieren. Dabei hat die Wissenschaft nachgewiesen, dass dieses Modell schlicht und einfach nicht der Realität entspricht. Vor allem Daniel Kahneman und Amos Tversky haben seit den siebziger Jahren gezeigt, dass selbst mathematisch hoch gebildete und in Wirtschaftsdingen versierte Menschen ihre Entscheidungen aufgrund von Vorurteilen treffen und alles andere als rational agieren. Darum sollte es auch niemanden sonderlich überraschen, wenn das Wahlverhalten mancher Menschen eben nicht rein »rationalen« Gründen im engeren Sinne folgt.

Das bringt uns zum zweiten Punkt: Zu der Frage, was Menschen in Bezug auf ihre politischen Entscheidungen eigentlich motiviert, hat man ebenfalls umfangreiche Forschungen angestellt, und zwar sowohl in der Politikwissenschaft und im relativ neuen Fach der Politischen Psychologie als auch innerhalb der empirischen Existenzialpsychologie, die sich in den vergangenen drei Jahrzehnten als überaus fruchtbares Paradigma erwiesen hat (Greenberg/Koole/Pyszczynski 2004). Dabei zeigte sich, dass es eines der grundlegenden menschlichen Bedürfnisse ist, eine einigermaßen kohärente Identität zu besitzen, die einen mit der Gruppe verbindet, der man angehört (der Ingroup, wie die Sozialpsychologen sagen), und die einem Stolz und Selbstachtung ermöglicht. Dabei kann es sich um eine ethnisch, religiös, politisch oder beruflich definierte Gruppe handeln; es kann aber auch ein hochgradig spezifischer Zusammenschluss sein, wie ihn etwa die Fans eines Fußballvereins, an einer bestimmten Regionalküche interessierte Hobbyköche oder Liebhaber moderner Kunst bilden.

Natürlich beziehen jene siebzig Prozent der Bevölkerung, die Goodhart zufolge »Somewheres« sind, ihre Selbstachtung auch aus individuellen Errungenschaften: Ein guter Mechaniker, Schneider, Koch, Schweißer oder Klempner zu sein ist ebenfalls eine Quelle von Stolz, allerdings sprudelt sie nicht ganz so reichlich, wie wenn man sich als gute(r) Journalistin, Künstler, Chirurgin oder Universitätsdozent begreift. Je tiefer jemand auf der sozioökonomischen Leiter steht, desto wichtiger ist die Zugehörigkeit zu Großgruppen für sein oder ihr Selbstbewusstsein: Ein guter Franzose, Deutscher, Australier, Amerikaner oder Pakistani, eine gute Christin, Muslimin, Buddhistin oder Jüdin zu sein spielt hier eine mindestens ebenso große Rolle für Lebenssinn und Selbstachtung wie persönliche Leistungen. Und nationale, ethnische und religiöse Identitäten basieren nun einmal auf Traditionen, auf deren Alter, ihrem Loyalitätszwang und nicht selten ihrem vermeintlichen Zusammenhang mit einem bestimmten Territorium. Infolgedessen fühlen sich besagte Menschen weit stärker von historischen Veränderungen und dem Zuzug von Migrantinnen aus fremden Kulturen bedroht, und zwar insbesondere dann, wenn diese Prozesse in derart hohem Tempo ablaufen, wie wir es in den vergangenen Jahrzehnten im Zuge des historischen Tsunamis erlebt haben, der weithin als »Globalisierung« bekannt ist

(Fukuyama 2019). Und genau diesen Faktor übersehen die neuen Kosmopolitinnen regelmäßig, wenn sie ungläubig fragen, wie es möglich ist, dass ihre wohlmeinenden universalistischen, humanistischen und ökologischen Ansichten, die, zumindest in ihren Köpfen, »objektiv« im Interesse aller sind, von großen Teilen der Bevölkerung zurückgewiesen werden. Die einflussreiche Gruppe der in Hightechbranchen beschäftigten liberalen Kosmopolitinnen hat lange Zeit gehofft, dass sich dieser Zusammenhang durch neue Technologien auflösen würde, weil immer mehr Menschen aufgrund des Zugangs zu seriösen Informationen ihre irrationalen Überzeugungen hinter sich lassen und die sozialen Medien sich zu einem Ort fruchtbarer und sinnvoller Diskussionen entwickeln würden. Doch diese Hoffnung, die auf einer der weniger überzeugenden Voraussagen der Aufklärung beruht, wonach sich die meisten Probleme durch Technik lösen lassen, hat sich schmerzlicherweise als falsch erwiesen. Studien über die Auswirkungen der neuen Kommunikationstechnologien (z. B. Sunstein 2017) haben gezeigt, dass das Gegenteil der Fall ist. Zunächst einmal neigen Internetnutzer dazu, nur Informationen aus Quellen zu beachten, die von vornherein mit ihren eigenen Ansichten übereinstimmen. So entstehen Echokammern, in denen gleichgesinnte Menschen einander in ihren Lieblingsmeinungen bestärken und alle abweichenden Ansichten als »Fake News« verwerfen. Nachdem Dan, den wir in Teil II kennengelernt haben, sein erfolgreiches Start-up-Unternehmen verkauft hatte, stellte er eine Forschergruppe zusammen, um dieses Phänomen zu untersuchen und Vorschläge zur Abwehr dieser katastrophalen Entwicklung zu erarbeiten. Doch leider kam die Gruppe zu einem Ergebnis, das seinen Hoffnungen diametral zuwiderlief: Die Schlussfolgerung lautete, dass sie sich keine Technologie vorzustellen vermochten, mit der sich Echokammern verhindern oder zumindest aufbrechen lassen. Wenn die liberalen Kosmopoliten sich solche Forschungsergebnisse bewusst machen würden, müssten sie sich nicht mehr darüber wundern, dass die Slogans populistischer Politiker weit tiefer in die Herzen der »Somewheres« dringen als ihre noch so detaillierten Analysen. Zwar thematisieren auch die Populisten zuweilen wirtschaftliche Probleme, doch bleiben Identitätsfragen ihr zentrales Thema: »Deutschland den Deutschen«, fordert die deutsche politische Rechte, Marine Le Pens Kampfruf lautet »On est chez nous!«, und Trump verkündete im Wahlkampf »America First«, womit er vor allem weiße US-Amerikaner ansprach, die sich als »Fremde in ihrem eigenen Land« fühlen (Hochschild 2017). Liberale Kosmopoliten wären auch gut beraten, sich die Studie von Ronald Inglehart und Pippa Norris (2016) vor Augen zu führen, die auf der gewaltigen Datenbank des World Values Survey beruht. Die Ergebnisse von Inglehart und Norris machen deutlich, dass die Furcht, die eigene kulturelle Heimat zu verlieren, deutlich stärker mit der Stimmabgabe für Populisten korreliert als ökonomische Ängste. Das erklärt auch, warum Landbewohner, die noch nie einem Migranten persönlich begegnet sind, häufiger für rechte Populisten stimmen als Städter, die in der Regel schon öfter Kontakt mit Fremden und Ausländern hatten, da Erstere ihre Selbstachtung in weit höherem Maß aus ihrer jeweiligen nationalen, regionalen, ethnischen und/oder religiösen Identität beziehen. Inglehart und Norris zeigen, dass dieser Trend weltweit vorherrscht, und zwar in so unterschiedlichen Kulturen wie denen Frankreichs und Deutschlands einerseits und der des Iran andererseits. In den ostdeutschen Bundesländern, in denen besonders viele Wähler für die fremdenfeindliche AfD gestimmt haben, leben im bundesweiten Vergleich die *wenigsten* muslimischen Flüchtlinge; die Landbewohner im Iran wählen zu weit größeren Teilen islamistische Parteien als die Menschen in Metropolen wie Teheran; und auch in der ökonomisch rückständigen Peripherie Israels erhalten extrem rechte und streng religiöse Parteien mehr Stimmen als im wohlhabenden urbanen Ballungsraum Tel Aviv, dem säkularen Zentrum der israelischen Hightechindustrie, Medien- und Kulturproduktion.

Darum erscheinen die neuen Kosmopolitinnen mit ihrer universalistischen Perspektive, ihrem weltläufigen Geschmack und ihrem Mangel an traditionellen Bindungen den weniger Glücklichen im Lande als eine Art Fremdimplantat. Der Mangel an Empathie und Verständnis, den viele liberale Kosmopoliten für die tiefe Verbundenheit anderer Bevölkerungsgruppen zu lokalen, lang etablierten kulturellen und religiösen Traditionen aufbringen, ist ein Teil der Erklärung für die Misserfolge entsprechender Parteien.

Dabei hätte es dazu gar nicht erst kommen müssen, wenn die neuen Kosmopoliten bedacht hätten, dass die meisten Topmanagerinnen, Freiberufler, Forscherinnen, Erfinder, Unternehmerinnen usw. Selbstachtung und Lebenssinn zwar vornehmlich aus den Leistungen schöpfen, die sie persönlich auf dem von ihnen gewählten beruflichen Feld erbringen, dass aber auch sie von einem Bedürfnis nach einer Gruppenidentität angetrieben werden: Sie wollen angesehene und geschätzte Mitglieder von Gruppen sein, deren übrige Mitglieder sie achten und auf deren Urteil sie Wert legen.

Und damit sind wir beim dritten großen Fehler der liberalen Kosmopoliten: Sie haben die wahrhaft destruktive Neigung, stärker traditionsverbundene Gesellschaftsgruppen, die ihre aufgeklärten Ansichten nicht teilen, geringzuschätzen und runterzumachen – und das ist derjenige Aspekt meiner zwanzigjährigen Tätigkeit als politischer Kommentator, den ich heute am meisten bereue. Die Kolumnen und Meinungsbeiträge, in denen ich rechte und nationalistische Gruppierungen in Israel und anderswo als anachronistisch, primitiv, voreingenommen und engstirnig verspottet oder rechte Politik als schlicht wahnhaft und selbstzerstörerisch gebrandmarkt habe, sind ohne Zahl.

Das heißt nicht, dass ich meine Einschätzungen, von denen die meisten nach wie vor zutreffen, auch wenn einige vom Lauf der Geschichte widerlegt worden sind, inhaltlich zurücknehmen will. Nur ist mir inzwischen klar geworden, dass ich mit ihnen zumeist nur offene Türen bei meinesgleichen eingerannt habe, ohne den geringsten Versuch zu unternehmen, mich mit den Ängsten, Nöten und Demütigungserfahrungen anderer Gruppen zu befassen, an die ich mich ja ebenfalls hätte wenden können, um sie von meinen Beobachtungen zu überzeugen. Ich erwähne meine eigenen Irrtümer hier, weil sie typische Beispiele für die Sprache und das Verhalten sind, die meine kosmopolitischen Mitbrüder und -schwestern an den Tag legen. Und zumindest in Israel hat uns diese Haltung zu einer randständigen Minderheit gemacht, in den Vereinigten Staaten zum Wahlsieg des vermutlich schlimmsten Präsidenten der US-Geschichte beigetragen, in Europa zum Erstarken rechter Populisten geführt.

In den vergangenen Jahren habe ich mich bemüht, einen anderen Ton anzuschlagen. Das heißt nicht, dass ich aufgehört hätte, dort anzugreifen und rücksichtslos zu kritisieren, wo ich es für moralisch und intellektuell geboten halte. Doch unterscheide ich nunmehr scharf zwischen populistischen Politikern und ihren Wählern. Es hat absolut keinen Sinn, die »Somewheres« anzugehen, die den Populisten ihre Stimme geben. Sie stehen objektiv unter Druck, sie spüren, dass ihre kulturelle Identität bedroht ist, dass die Eliten in Kultur, Wissenschaft und Politik sie im Stich gelassen haben, und sie warten verzweifelt auf jemanden, der ihren Empfindungen Gehör verschafft und ihre Identität öffentlich repräsentiert. Ich bin der festen Überzeugung, dass es weder human noch in pragmatischer Hinsicht nützlich ist, sich über die Bedrängnisse dieser Menschen lustig zu machen.

Im Gegensatz zu ihnen sind jedoch die Politiker, die diese Bedrängnisse ausnutzen, um sich Macht zu verschaffen, und die in fast allen gesellschaftlichen Bereichen Chaos und Verwüstung stiften, legitime Angriffsziele. Sowohl in Europa als auch in den USA haben sie Migranten zum Sündenbock gemacht, obwohl sich nachweisen lässt, dass die Mexikaner den Amerikanern in den USA keine Fabrikarbeitsplätze wegnehmen, und obwohl von einer »Islamisierung« des Abendlands nicht ansatzweise die Rede sein kann. Besagte Politiker wissen das selbst sehr genau und halten ihre Behauptungen wider besseres Wissen aufrecht, obwohl nicht wenige von ihnen über ein erhebliches Maß an Bildung verfügen. Und deshalb verdienen sie es, unerbittlich attackiert zu werden.

An diesem Punkt stehen die liberalen Kosmopoliten jedoch vor einer weiteren Schwierigkeit, denn ebenso schlimme soziale Verheerungen haben die Populisten mit ihrer Anstachelung zum Hass auf Linke, Liberale und Kosmopoliten ausgelöst. Denken wir nur daran, wie schamlos Viktor Orbán George Soros in seinem Wahlkampf instrumentalisiert hat, mit eindeutig antisemitischen Untertönen: Gegen Muslime hetzt Orbán ganz unverhüllt (obwohl es in Ungarn kaum muslimische Migranten gibt), gegen Juden hingegen nur indirekt, weil offener Antisemitismus in Europa heute nicht geduldet wird. Soros und »die Kosmopoliten« dienen ihm als Metapher für eine vermeintliche »internationale Verschwörung« gegen das ungarische Volk und die nationale Einheit Ungarns – ein altes Lied, das spätestens seit dem Erscheinen der berüchtigten *Protokolle der Weisen von Zion* (1903) im Umlauf ist, nun allerdings nicht gegen Juden, sondern gegen Kosmopoliten in Stellung gebracht wird. Den wahrhaft atemberaubenden Schwall von Hass und Verachtung, den Donald Trump gegen die Liberalen in den USA abgelassen hat, möchte ich hier gar nicht erst zitieren.

Das Dilemma der Kosmopolitinnen liegt darin, dass es schlicht keine Rolle spielt, ob wir solche Politiker angreifen und ihre Lügen und Verdrehungen entlarven (was nicht weiter schwierig ist). Auf diese Weise verschärft man lediglich den

Hass in der Gesellschaft bis zu dem Punkt, wo zu befürchten steht, dass sie jeden Augenblick explodieren kann. Es ist praktisch unmöglich, solche Anführer zu attackieren, ohne dass sich auch ihre Wähler angegriffen fühlen. Für dieses Problem weiß ich, offen gesagt, auch keine Lösung. Meines Erachtens wäre es das Beste, wenn wir unsere Kritik nach Maßgabe dessen äußern, was ich zivilisierte Verachtung (Strenger 2015) genannt habe, also Behauptungen nüchtern auseinandernehmen, ohne Abscheu vor den Personen zu zeigen, die sie aufstellen. Und darauf setzen, dass die Wähler irgendwann begreifen, dass Hasspredigten letztlich das Gewebe der Gesellschaft zerstören, in der wir alle leben. Ich werde im Epilog auf diesen Punkt zurückkommen.

Betrachten wir zunächst jedoch einen Vorwurf, den die neuen Kosmopoliten vor allem von Kritikern wie Mark Lilla (2017) zu hören bekommen. Lillas These ist, dass wir uns in den vergangenen Jahrzehnten im Übermaß für die Rechte von Frauen und Minderheiten starkgemacht haben. Nach dem (teilweisen) Erfolg der Frauenbewegung seien wir für die Gleichberechtigung Homosexueller bis hin zum Recht auf Eheschließung eingetreten. Anschließend hätten wir uns auf noch exotischeres Terrain begeben, um etwa Transgendern und Transsexuellen eigene Toiletten zu verschaffen. Außerdem hätten wir es mit der politischen Korrektheit dahingehend übertrieben, dass Universitäten »safe spaces« eingerichtet haben, in denen die Studierenden vor allem geschützt sind, woran sie möglicherweise Anstoß nehmen könnten. Auf diese Weise werde aktiv verhindert, dass sie die unverzichtbare Fähigkeit erwerben, sich mit (aus ihrer Sicht) unangenehmen Positionen auseinanderzusetzen. Kein Wunder also, so entsprechende Kritiker weiter, dass wir den traditionsverhafteteren Gesellschaftsgruppen mittlerweile wie Angehörige einer fremden Spezies aus dem All vorkommen, die wenig zu sagen haben zu den Sorgen jener Menschen, denen vor allem die Bewahrung ihrer eigenen Lebensweise und die kulturellen und religiösen Bindungen am Herzen liegen, aus denen ihre Identität sich speist.

Im Gegensatz zu Kritikern wie Lilla glaube ich nicht, dass mehr Solidarität mit den Angehörigen wirtschaftlich benachteiligter Klassen uns geholfen hätte, deren Köpfe und Herzen zu gewinnen. Kultur- und Identitätsfragen spielen für diese Menschen schlicht eine weit größere Rolle, als wir vor dem Hintergrund unserer kosmopolitischen Überzeugungen oft annehmen. Außerdem teile ich die Einschätzung nicht, dass Liberale im Allgemeinen und Kosmopoliten im Besonderen den Blick für die Nöte der sozial Schwachen verloren haben: Ein kurzer Blick in eine beliebige linksliberale Tageszeitung beweist das Gegenteil, dass nämlich die Liberalen (hier im US-amerikanischen Sinn) die grundlegenden Errungenschaften des Sozialstaats nach wie vor verteidigen. Ebenso wenig glaube ich, dass die Beschäftigung mit LGBT-Rechten unseren Blick für die Situation anderer Minderheiten getrübt hat, die wie etwa die Afroamerikaner in den Vereinigten Staaten trotz einiger Fortschritte (und der Wahl eines Schwarzen zum US-Präsidenten) nach wie vor in einer schwierigen Lage sind, wie die aktuellen Fälle von Polizeigewalt mehr als deutlich machen.

Wir sind zutiefst überzeugt, dass die universellen Menschenrechte niemandem verwehrt werden dürfen; diese Ansicht wird jedoch keinesfalls von allen geteilt. In den oft hasserfüllten Debatten über Migration und Flüchtlingspolitik konnte man das in den letzten Jahren sehr gut beobachten. Hier haben die liberalen Kosmopoliten gegenüber den Ängsten anderer gesellschaftlicher Gruppen oft nur wenig Empathie gezeigt. Der Preis, den wir dafür zu zahlen haben, ist wachsende Abneigung aufseiten der »Somewheres«. In der Folge werden wir politisch weltweit schwächer. Das führt uns zur abschließenden Frage dieses Buches: Müssen die neuen Kosmopolitinnen ihre

Überzeugungen und Grundwerte verleugnen, um politisch erfolgreich zu sein? Oder gibt es einen Weg, ihnen treu zu bleiben – und trotzdem wieder mehr Zustimmung zu finden?

## 2. Liberale Kosmopolitinnen als Verteidiger der offenen Gesellschaft

Einige ebenso ernst zu nehmende wie nachdenkliche Autoren haben zuletzt ihrer Sorge Ausdruck verliehen, die freiheitliche Demokratie bewege sich auf die vielleicht größte Krise ihrer Geschichte, sicher aber seit dem Zweiten Weltkrieg zu.* Ausgelöst wurden diese Warnrufe vom europaweiten Aufstieg populistischer Parteien. Ihren (vorläufigen?) Höhepunkt erreichte diese Entwicklung, als die Welt am 9. November 2016 erstaunt vernahm, dass Donald Trump als Sieger aus den US-Präsidentschaftswahlen hervorgegangen war. Zum Zeitpunkt, da ich dies schreibe, ist er seit knapp zwei Jahren im Amt; und laut der Faktenchecker der *Washington Post* hat er in diesem Zeitraum mehr als 6400 falsche oder irreführende Aussagen getätigt, bei einzelnen Wahlkampfveranstaltungen waren regelmäßig um die siebzig Prozent seiner Behauptungen falsch oder irreführend (Kessler 2018; Kessler/Rizzo/Kelly 2018). Die älteste und mächtigste Demokratie der Welt ist einem Mann in die Hände gefallen, dem der Unterschied zwischen Wahrheit und Unwahrheit schlicht und einfach egal ist.

Meiner Ansicht nach geht die größte Gefahr für die liberale Demokratie derzeit von diesem Sturmangriff auf die Wahrheit aus. Auf seriösen Recherchen beruhende wissenschaftliche und journalistische Veröffentlichungen werden von Populisten dabei regelmäßig als »Fake News« diffamiert und sind ihnen schon allein deswegen suspekt, weil sie häufig von Autorinnen aus dem liberal-kosmopolitischen Milieu stammen. Freiheitliche Demokratien sind aber auf die Differenzierung von wahr und unwahr sowie auf zuverlässige Methoden der Wahrheits-

---

* Vgl. u. a. Krastev 2017, Luce 2017, Levitsky/Ziblatt 2018, Mounk 2018, Runciman 2018, Snyder 2018 – die Reihe ließe sich nahezu beliebig fortsetzen.

findung angewiesen. Ohne sie reduziert sich der Prozess der demokratischen Deliberation im Zeitalter des Populismus darauf, welcher Politiker bei den Wählern die stärksten Gefühlsregungen anzufachen versteht.

Natürlich ist nicht immer einfach zu bestimmen, was wahr ist und was nicht, und es lässt sich selbst auf der Grundlage unseres phänomenalen Wissensstands in vielen Fällen überhaupt nicht mit letzter Sicherheit sagen. Eine der Grundvoraussetzungen freiheitlicher Demokratien ist jedoch, dass sich empirische Aussagen, wenigstens dem Prinzip nach, verifizieren oder falsifizieren lassen müssen. Trumps nach jedem Schulmassaker stoisch wiederholte Behauptung, nicht strengere Waffengesetze, sondern allein die Bewaffnung der Lehrkräfte sei die Lösung des Problems, spricht allen empirischen Belegen für den unmittelbaren Zusammenhang zwischen der Verfügbarkeit von Schusswaffen und deren todbringender Verwendung durch Amokläufer Hohn und ist insofern ein gutes Beispiel für die verheerenden Folgen, die der Bedeutungsverlust von Wahrheit und Vernunft in der Politik zeitigt.

Die Kernthese dieses Kapitels lautet daher schlicht: Aufgrund ihrer Bildung und ihrer beruflichen Tätigkeit sind gerade die liberalen Kosmopoliten aufgerufen, die Vernunft und das Streben nach Wahrheit zu verteidigen. Wie ich oben dargelegt habe, wählen die neuen Kosmopoliten – Jeff und Ella sind hier gute Beispiele – ihre Berufe in der Regel aufgrund eines inneren Vernunft- und Wahrheitsstrebens (was nicht heißen soll, dass sie nicht auch vom Wunsch nach Erfolg und Status motiviert sind). Sie alle eint die tiefe Überzeugung, dass die Suche nach der Wahrheit viel zu wichtig ist, als dass wir sie nachlässig betreiben dürften, und dass sie auch dann weitergehen muss, wenn sich abzeichnet, dass die Wahrheit auf absehbare Zeit unerreichbar bleibt.

Aus diesem Grund dürfen die neuen Kosmopolitinnen ihr hartnäckiges Beharren auf Wahrheitsfindung und Rationalität nicht aufgeben, auch wenn sich seit den sechziger Jahren ein Zeitgeist breitgemacht hat, der Kategorien wie Wahrheit und Vernunft in Zweifel zieht. In *Zivilisierte Verachtung* (Strenger 2015) habe ich dargelegt, dass die Selbstkasteiung der westlichen Kultur als Quelle allen Übels in der Moderne zu einem überzogenen Relativismus und übertriebener politischer Korrektheit geführt hat. Jegliche kulturelle, religiöse oder sonstige Ansicht, so meinten viele postmoderne Gelehrte, verdiene den gleichen Respekt – dies schulde der Westen der Welt als Kompensation für die Ursünde des Kolonialismus. Einige Vertreter dieser These wurden, wie etwa Jacques Derrida, zu Superstars der internationalen Geistes- und Sozialwissenschaften. Die katastrophale Folge ist, dass wir Generationen von Studierenden dazu erzogen haben, jeden Aspekt der westlichen Kultur anzugreifen und ihre Werke und Errungenschaften zu kritisieren, ohne sie zuvor überhaupt gründlich studiert und verstanden zu haben.

Paradoxerweise sind es heute jedoch oft Konservative, die sich den Relativismus zunutze machen, den Linke einst propagiert haben. Man denke nur an die Attacken auf die Theorie der Menschengemachtheit der Erderwärmung, der heute 97 Prozent aller Klimawissenschaftler zustimmen, den die politische Rechte jedoch häufig als Hirngespinst linker Fantasten verunglimpft. US-Präsident Trump etwa arbeitet hartnäckig daran, den unter Obama beschlossenen allmählichen Kohleausstieg in den USA rückgängig zu machen, obwohl die Kohleverstromung nachweislich eine der Hauptursachen des Klimawandels ist. Die katholische Kirche agiert ähnlich, wenn sie die Verwendung von Kondomen selbst in von Aids geplagten Regionen Afrikas mit der Begründung untersagt, die Ausbreitung des HI-Virus werde dadurch nicht gebremst (vgl. dazu ausführlicher Strenger 2015). Ein älteres Beispiel für das großzügige Relativieren nachgewiesener Fakten ist die Behauptung, Steuersenkungen für Besserverdienende würden einen »Trickle-down-

Effekt« auslösen und auf lange Sicht zu mehr Wohlstand in allen Schichten der Gesellschaft führen – eine zuerst von Ronald Reagan vertretene These, die George W. Bush wiederkäute und die nun Donald Trump hochhält, obwohl alle ökonomischen Studien eindeutig zeigen, dass die Einkommensungleichheit durch diese Politik in den mehr als dreißig Jahren seit Reagan gewaltig gestiegen ist.

Daran sehen wir, dass viele politische Vorschläge durchaus anhand wissenschaftlicher Daten als offensichtlich irrational und schädlich für das Gemeinwesen verworfen werden können. Und an genau diesem Punkt kommen die liberalen Kosmopolitinnen ins Spiel: Die meisten von ihnen verfügen über die nötige Ausbildung und Erfahrung, um klar und deutlich aufzuzeigen, wo Ergebnisse aus Natur-, Bio-, Sozial- und Geisteswissenschaften für politische Entscheidungsprozesse relevant sein können.

An dieser Stelle ist freilich ein Einwand angebracht: Im vorangegangenen Kapitel haben wir gesehen, dass einer der häufigsten Fehler der neuen Kosmopoliten darin besteht, sich jenen überlegen zu wähnen, die anderer Meinung sind. Es würde daher der Wirksamkeit ihrer politischen Interventionen dienen, wenn sie ihr Fachwissen in die Debatten einzubringen verstünden, ohne auf die Wähler populistischer Parteien herabzublicken. Den Anführern solcher Parteien wiederum, die mit »alternativen Fakten« hausieren gehen oder leere Versprechungen machen, sollten sie den Mangel an intellektueller Integrität umso entschiedener vorwerfen. Dies gilt insbesondere dann, wenn es sich um durchaus gebildete Leute wie Boris Johnson und Nigel Farage handelt, die *wissentlich* falsche Aussagen treffen – man denke nur an die Behauptung, aus Großbritannien flössen wöchentlich 350 Millionen Pfund an die EU, die man nach dem Brexit in das britische Gesundheitssystem investieren könne. Als sie nach dem Referendum gefragt wurden, ob das von ihnen versprochene Geld nun bald käme, ruderten sie kleinmütig zurück.

Eines möchte ich noch einmal betonen: Ich unterstelle hier keineswegs, dass sich sämtliche politischen Streitfragen ganz einfach entscheiden ließen, wenn man nur wissenschaftliche Methoden anwendete. Selbst in der Ökonomie, der am stärksten von quantitativen Methoden und mathematischen Modellen bestimmten Gesellschaftswissenschaft, herrscht in vielen Punkten keinerlei Konsens bezüglich des richtigen Vorgehens, ob es nun um die Finanzkrise oder die Frage geht, wie man das Wirtschaftswachstum in Gang halten kann, ohne eine Inflation oder eine Rezession zu riskieren. Auch hat niemand ein klares Rezept dafür, wie sich aus unterschiedlichen Kulturen stammende Flüchtlinge und Migranten in eine bestehende Gesellschaft integrieren lassen, ohne dass Parallelgesellschaften oder ethnische Ghettos entstehen.

Das hängt zum Teil mit den inhärenten Beschränkungen der Sozialwissenschaften zusammen, die es mit komplexen Phänomenen zu tun haben, bei denen zahlreiche Faktoren im Spiel sind, die sich nicht ohne Weiteres isolieren lassen, hat aber auch damit zu tun, dass jede Epoche ihre eigenen Besonderheiten und Dynamiken hat, was es praktisch unmöglich macht, aus vergangenen Ereignissen allgemeine Gesetzmäßigkeiten für die Gegenwart abzuleiten. Aus diesem Grund konstatierte Isaiah Berlin (1996), dass Politiker und Staatsmänner das brauchen, was er »Realitätssinn« nannte: ein intuitives Verständnis sozialer und politischer Konstellationen, das über die bloße Übertragung allgemeiner Gesetzmäßigkeiten auf gegenwärtige Gegebenheiten hinausgeht. Jede historische Situation ist in einzigartige kulturelle, ökologische, ökonomische, ethnische und soziale Umstände eingebettet, die sich nicht in simple mathematische Formeln fassen lassen – und was das angeht: auch nicht in komplexe.

Dabei sind Erkenntnisse aus den Sozial- und Geisteswissenschaften für politische Entscheidungen nach wie vor von erheblichem Belang – oder wären es, wenn man sie berücksichtigte. Ein Beispiel dafür hat Francis Fukuyama (2006), der die führenden neokonservativen Denker persönlich gut kannte, ausführlich analysiert. Die US-Regierung unter George W. Bush hat die Invasion des Irak im Jahr 2003 unter anderem damit begründet, dass sie sich als Wendepunkt der Geschichte des Landes und der gesamten Region erweisen werde. Die Iraker, so hieß es, sehnten die Befreiung von der Diktatur Saddam Husseins herbei und würden die US-Truppen mit Blumen empfangen, das Land würde sich im Handumdrehen in eine freiheitliche Demokratie verwandeln. Dadurch würde ein Dominoeffekt ausgelöst, durch den sich freiheitlich-demokratische Ideen im gesamten Nahen und Mittleren Osten verbreiten würden. Diese Vorstellung beruhte auf der neokonservativen Doktrin, wonach die liberale Demokratie der unausweichliche Endpunkt der Geschichte ist; eine Lehre, die in konservativen Denkfabriken in den USA in den achtziger und neunziger Jahren ausgebrütet worden war, die jedoch über keinerlei empirische Grundlage verfügte. Hätte die Regierung Bush sich von auf die Geschichte des Nahen Ostens spezialisierten Politologen und Anthropologen und von Kennern der Region und des Landes beraten lassen, hätte sie erfahren, dass der Sturz Saddams mit hoher Wahrscheinlichkeit zum Zerfall des Irak und zum Ausbruch verheerender religiöser und ethnischer Konflikte führen würde. Doch Bush, Cheney, Rumsfeld & Co. hatten ihre Entscheidung bereits aufgrund unhinterfragter Überzeugungen, und zum Teil auch wirtschaftlicher Interessen, gefällt und nicht die geringste Lust, sich von Tatsachen beirren zu lassen.

Noch einmal: Ich behaupte nicht, dass Geistes- und Gesellschaftswissenschaftler über detaillierte Blaupausen für alle politischen Probleme verfügen, ganz und gar nicht. Aber sie besitzen hinreichende Kenntnisse, um desaströse Fehleinschätzungen wie im Zuge des Irakkriegs und der anschließenden Besatzung zu verhindern, die mehrere tausend US-Amerikaner und bis zu einer Million Iraker das Leben gekostet, Millionen Menschen in die Flucht getrieben und die gesamte Region in einem Ausmaß destabilisiert haben, dass heute niemand mehr eine kohärente Strategie für eine Befriedung des Nahen Ostens zu formulieren vermag.

Zu den oben genannten inhärenten Limitationen der Sozial- und Geisteswissenschaften kommt ein weiteres profundes Problem hinzu: Politische Entscheidungen sind, und das gilt für alle Seiten, unvermeidlich von grundsätzlichen Werturteilen beeinflusst. Die Liberalen neigen zu der Ansicht, dass durch Dialog und Verständigung eine Lösung für jedes innen- und außenpolitische Problem zu finden sei. Konservative wiederum sind davon überzeugt, dass die Weltgeschichte in letzter Konsequenz vom fortlaufenden Kampf zwischen Weltanschauungen und Kulturen bestimmt wird, weshalb der Westen gezwungen sei, seine wirtschaftliche und militärische Überlegenheit aufrechtzuerhalten, um seine Interessen zu wahren und sein Überleben zu sichern. Diese unterschiedlichen Wertstrukturen sind tief in der Identität ihrer jeweiligen Anhänger verwurzelt und damit ebenso schwer aufzulösen wie die Meinungsunterschiede zwischen Sozialdemokraten und Konservativen in anderen Kontexten; deshalb gibt es auch keine einfache, ein für alle Mal pauschal anwendbare Lösung. Die empirische Forschung ist insofern kein Deus ex Machina, der jeden politischen Knoten zu durchschlagen vermag.

## Die offene Gesellschaft in der Praxis

Eine der Grundfesten jeder akademischen Ausbildung ist die Überzeugung, dass die einzige Möglichkeit, auf einem hoch entwickelten Wissensgebiet, in der Technologie, der Kunst oder einem Handwerk Fortschritte zu erzielen, darin besteht, nichts Gegebenes als für alle Zeiten unumstößlich wahr zu akzeptieren. Die vier Jahrhunderte, die vergangen sind, seit die als »wissenschaftliche Revolution« bezeichnete Abfolge lose miteinander verknüpfter Entdeckungen und Entwicklungen Fahrt aufnahm, haben uns zweifellos eines gelehrt: Wir können unsere Kenntnisse über die Welt nur erweitern, indem wir in Gemeinschaften zusammenarbeiten, die grundsätzlich offen für Kritik an jeder vorgebrachten Theorie sind.

Im Gegensatz dazu beruht der Populismus darauf, die Unterscheidung zwischen wahr und falsch, rational und irrational gegenstandslos zu machen und die Ansichten und Äußerungen seiner Anführer gegen Einwände zu immunisieren. Dies erreicht er, indem er Kritik nach Belieben als »Fake News«, »subversiv«, »unpatriotisch«, »unislamisch«, »antijüdisch« oder »Verrat« diffamiert und seine Kritiker als »fünfte Kolonne« schmäht. So entsteht das exakte Gegenteil einer offenen Gesellschaft. Es ist kein Zufall, dass gerade George Soros, der noch bei Popper studiert hat und an der London School of Economics mit einer Arbeit über dessen Philosophie promoviert wurde, in Ungarn, Polen und Russland in solcher Weise dämonisiert wird: Sein großes philanthropisches Unterfangen, in das er in den vergangenen vierzig Jahren einige Milliarden Dollar investiert hat, sind die Open Society Foundations, die in den Jahren nach 1989 einen nicht zu unterschätzenden Beitrag zum unblutigen Übergang der osteuropäischen Staaten zur Demokratie geleistet haben. Heute soll diese Entwicklung in einigen dieser Länder wieder umgekehrt werden, und Politiker wie Viktor Orbán bekennen sich voller Stolz zum Konzept der »illiberalen Demokratie« – mit anderen Worten: zu einer Diktatur der Mehrheit, ohne Einschränkungen durch eine unabhängige Justiz, eine freie Presse, Forschungs- und Lehrfreiheit oder eine offene Zivilgesellschaft.

Die Institutionen, in denen die neuen Kosmopolitinnen ihre Bildung erworben haben, basieren ebenso wie die Berufe, in denen sie arbeiten, auf dem Bekenntnis zur offenen Gesellschaft. In Fleisch und Blut übergegangen ist ihnen die Idee, dass die Unterdrückung von Kritik nicht nur unmenschlich, sondern für den Fortschritt tödlich ist und die Kreativität erstickt. Ob sie nun Spinoza, Voltaire, Diderot, Hume oder Kant gelesen haben oder nicht, die Werte und Grundüberzeugungen der Aufklärung bestimmen ihr ganzes Dasein, selbst wenn sie sich persönlich kaum oder gar nicht mit Geistes- und Kulturgeschichte befassen. Und genau das ist auch der Grund, weshalb sie immer häufiger den Hass der traditionsverhafteteren Mitglieder der Gesellschaft auf sich ziehen: Sie akzeptieren keine heiligen Kühe, hinterfragen alles und bringen wenig Respekt für Autoritäten auf, die sich auf bloße Macht stützen und nicht auf demokratische Verfahren und/oder nachgewiesene Kompetenz.

Als Beispiel dafür möchte ich einen der öffentlich sichtbarsten Berufe anführen, in denen liberale Kosmopolitinnen wie Ella tätig sind: den investigativen Journalismus der Qualitätsmedien, eine der Säulen der Demokratie. Der Wachhund, der dafür zu sorgen versucht, dass sich die Mächtigen an die Spielregeln halten und auch wirklich die Interessen derer vertreten, denen sie ihre Wahl verdanken – und die Rechte jener wahren, die nicht für sie gestimmt haben. Kein Wunder also, dass viele Politiker den Mitarbeitern von Qualitätsmedien – vorsichtig ausgedrückt – ambivalent gegenüberstehen. Einerseits brauchen sie deren Unterstützung, andererseits fürchten sie gute investigative Journalisten, weil diese ihre geheimen Machenschaften und Lügen aufdecken oder als scharfsinnige Kommentatoren die manipulativen Strategien entlarven, mit denen sie die Wut und die Angst ihrer Wählerinnen vor realen oder fiktiven Feinden im Inneren und Äußeren anfachen wollen.

Deshalb nehmen illiberale Demokratien und totalitäre Regime zuerst die Pressefreiheit ins Visier: Von Hitlers Instrumentalisierung der Legende vom »Dolchstoß« über Stalins Behauptung, das russische Proletariat lebe in jenem Paradies der

Werktätigen, das Marx prophezeit hatte, bis zu den regelmäßigen Geschichtsrevisionen beim Antritt jeder neuen Regierung in Peking oder dem vor Kurzem in Warschau erlassenen gesetzlichen Verbot, der polnischen Nation irgendeine Mitverantwortung an den Verbrechen Nazideutschlands, insbesondere am Holocaust zuzuschreiben, erweist sich, wie sehr Totalitarismus von der Verfälschung der Wahrheit abhängig ist. Liberale Kosmopolitinnen wie Ella und Naomi sehen ihre Berufung darin, alles zu tun, damit es nie wieder zu einer solchen Situation kommt. In ihren Biografien sind der Holocaust und seine Vertuschung durch die Zeitgenossen von entscheidender Bedeutung: für Ella, weil sie am hartnäckigen Schweigen ihrer Angehörigen sah, dass Tatsachen ohne Weiteres aus dem Bewusstsein und dem Gedächtnis verdrängt werden können. Für Naomi, weil sie überzeugt ist, dass die israelische Regierung das Gedächtnis des Holocaust missbraucht, um ihre Siedlungspolitik in den besetzten Gebieten zu rechtfertigen – was übrigens viele Kommentatoren bestreiten, die darin eine tendenziöse linkslastige Darstellung des israelisch-palästinensischen Konflikts sehen. Jedenfalls will ich keineswegs behaupten, dass die neuen Kosmopoliten ein Monopol auf die Wahrheit hätten, sehr wohl aber, dass ihr persönliches wie berufliches Ethos sie verpflichtet, in besonderem Maße auf Situationen zu achten, in denen Macht und Wahrheit einander scheinbar unversöhnlich gegenüberstehen – und in denen sich Menschen wie Naomi und Ella zuverlässig auf die Seite der Wahrheit stellen.

Ein zweites Beispiel sind die modernen Universitäten, die in Deutschland zu Beginn des 19. Jahrhunderts entstanden, als man Forschung und Lehre vereinigte. Der Philosoph, Sprachwissenschaftler und Diplomat Wilhelm von Humboldt (1767-1835), der dieses Konzept entwarf und 1809 in Berlin die erste moderne Universität gründete (die heute nach ihm und seinem Bruder, dem Naturforscher Alexander, benannte Humboldt-

Universität), verband die Idee einer solchen Akademie explizit mit dem Ideal, die Staatsbürger zur Freiheit zu erziehen. Die (damals durchweg männlichen) Studenten hatten nicht länger auswendig zu lernen, was die Lehrenden dozierten, sondern man unterrichtete gemäß einer Methodik, welche die Lernenden zur kritischen Auseinandersetzung mit ihrem Gegenstand einlud und befähigte.

Später führten die USA die akademische Lehr- und Forschungsfreiheit sowie die Festanstellung der Professoren ein, um die Lehrenden vor politischem Druck zu schützen. Zuvor waren Professoren, die die Evolutionstheorie unterrichtet hatten, entlassen worden. Gleichzeitig änderten wichtige Universitäten wie Harvard und Columbia ihre Statuten, um zu verhindern, dass sich Geldgeber in die Berufungen einmischten, die allein den akademischen Peers überlassen bleiben sollten. So wurde die Forschung immer mehr von politischer und finanzieller Macht entkoppelt (Cole 2010).

Im Westen ist die Idee der freien Forschung und Lehre nach wie vor eine der Säulen der Universitäten. Und tatsächlich hat die Vergangenheit gezeigt, dass so verfasste Hochschulen nur in einer offenen Gesellschaft zu wahrer Blüte kommen können. Das wohl traurigste Beispiel dafür ist der Niedergang des einstmals besten Universitätssystems der Welt: Bis 1933 wollte jeder akademisch halbwegs ambitionierte Harvard-Absolvent unbedingt an einer deutschen Universität promovieren. (Ich rate meinen Leserinnen, wenn sie nach Berlin kommen, die Humboldt-Universität zu besuchen und sich die Porträtgalerie bedeutender Wissenschaftler dieser Hochschule, darunter 29 Nobelpreisträger, anzusehen: fast alle waren vor 1933 dort tätig.) Dem nationalsozialistischen Regime gelang es dann binnen kurzer Zeit, die offene Gesellschaft der Weimarer Republik zu zerstören und das deutsche Universitätssystem herunterzuwirtschaften. Und obgleich Deutschland heute zweifellos eine mustergültige offene Gesellschaft ist, haben es seine Universitäten nicht geschafft, ihren alten Glanz wiederherzustellen – woran man sieht, welch unendliche Mühe der Aufbau und die Pflege kultureller Strukturen erfordert.

Totalitär regierte Länder wie China und der Iran haben das Problem zu lösen versucht, indem sie in naturwissenschaftlichen und technischen Fächern Forschungsfreiheit gewährten, während politisch sensible Bereiche in den Sozial- und Geisteswissenschaften unter strenger Kontrolle gehalten werden. Sie können nun zwar einen erheblichen Output an Forschungspublikationen vorweisen, sind aber immer noch meilenweit davon entfernt, die Kreativität und Innovationskraft führender westlicher Universitäten zu erreichen (Cole 2010). Es geht mir nicht darum, die westlichen Universitäten zu idealisieren, aber auf lange Sicht erzielen sie weit bessere Resultate, weil offene Gesellschaften und Institutionen, die Kritik zulassen und fördern, ihre Fehler mit größerer Wahrscheinlichkeit korrigieren werden und Irrwege auch wieder verlassen können, um neue, erfolgversprechendere Richtungen einzuschlagen.

Eine offene Gesellschaft ist auf eine funktionierende Zivilgesellschaft angewiesen. Eine freie Presse mit hohen journalistischen Standards, Faktenchecks und entsprechendem journalistischen Ethos, eine florierende Kunstszene und eine sich selbst regulierende Wissenschaft sind drei der wichtigsten Bestandteile einer solchen Zivilgesellschaft, aus der sich der Staat so weit wie möglich heraushalten sollte. Natürlich ist das nicht ganz einfach zu bewerkstelligen, da der Staat in vielen Ländern massiv zur Finanzierung dieser Bereiche beiträgt. In einer offenen Gesellschaft aber sollte deren Selbstverwaltung gesetzlich verankert sein. Das 20. Jahrhundert hat uns in schrecklicher Weise vor Augen geführt, was passiert, wenn ein Staat die Zivilgesellschaft abschafft. Drei Klassiker, die an diesen Terror erinnern, sollten wir daher auch heute noch immer wieder lesen: Arthur Koestlers frösteln machenden Roman *Sonnenfinsternis*

(1940), der die stalinschen Säuberungen schildert, Hans Fall-adas *Jeder stirbt für sich allein* (1947) über den Widerstand gegen Hitler, Hannah Arendts brillante Studie *Elemente und Ursprünge totaler Herrschaft* (1955 [1951]) über die Gemeinsamkeiten der beiden das Jahrhundert prägenden Diktaturen.

Hannah Arendts Lebensmotto lautete »Eigenständig denken und dafür einstehen« – eine der prägnantesten Zusammenfassungen des Ideals der Aufklärung, die ich kenne. Unabhängiges Denken zu ermöglichen und zu ermutigen ist eine zentrale Voraussetzung offener Gesellschaften. Im letzten Kapitel werden wir uns mit der Frage befassen, ob es möglich ist, die Ideale der Gedanken- und Meinungsfreiheit in unseren Bildungssystemen wirksam zu vermitteln.

## 3. Warum wir eine umfassende Erziehung zur Freiheit brauchen

Wie ich gezeigt habe, hängen der Liberalismus der neuen Kosmopoliten, ihr Bekenntnis zur offenen Gesellschaft und ihr Weltbürgertum wesentlich mit ihrer Bildung und ihrer Arbeit in zumeist globalen Netzwerken zusammen. Diese Netzwerke sind meritokratisch organisiert: Die Idee, jemand könne qua Geburt Mitglied einer Elite sein, findet dort keinerlei Zustimmung. Statt auf Abstammung kommt es allein auf die Leistung an, die einer oder eine persönlich erbringt. Die Angehörigen dieser Netzwerke sind darauf trainiert, jedes Dogma zu hinterfragen und sich kritisch zu allem zu verhalten, das man sie lehrt. Dieses kritische Bewusstsein macht in Verbindung mit einem leidenschaftlichen Glauben an die Freiheit des Einzelnen den Kern ihres Wertesystems aus.

Doch führt eine solche Geisteshaltung automatisch zu mehr sozialem Engagement? Wir wissen, dass dem nicht so ist: Wie Christopher Lasch schon 1994 gezeigt hat, legen die neuen Eliten in den USA messbar weniger Bürgersinn an den Tag als ihre Vorläufer im 17., 18. und 19. Jahrhundert. Diese fühlten sich durch ihre Privilegien dazu verpflichtet, einen Beitrag zum Fortbestand der Gemeinschaft zu leisten, in der sie lebten: Sie gründeten Schulen, ließen Theater und Parks errichten und sorgten so dafür, dass auch die nachfolgenden Generationen eine breite Bildung genießen und Bürgersinn entwickeln konnten. Die bekanntesten der zu diesem Zweck gegründeten Institutionen bestehen bis heute: etwa die acht fabelhaften Universitäten der sogenannten »Ivy League«, die ihren herausgehobenen Rang unter den führenden Hochschulen des Planeten seit vielen Jahrzehnten wahren. Heute aber, so Lasch, verstehen sich die meisten Angehörigen der Eliten, auch wenn ihnen globale Probleme Sorgen bereiten, nicht mehr als Teil einer lokalen oder auch nur nationalen Gemeinschaft. Sie ziehen um, wenn sie anderswo einen besseren Job bekommen. Infolgedessen entwickeln sie nie genug Bindung an irgendeinen ihrer Aufenthaltsorte, um sich ernsthaft für ihn und die dort lebenden Menschen zu engagieren.

Andere konservative Autoren, etwa David Brooks (2018), heben nachdrücklich darauf ab, dass das meritokratische System zwar seine Vorzüge habe – schließlich wollen wir alle den besten Chirurgen für unsere kranken Kinder und die besten Ingenieurinnen für die Flugzeuge, denen wir unser Leben anvertrauen –, aber auch erhebliche Gefahren mit sich bringe. Begabte junge Menschen, die von Anfang an nur darauf aus sind, eine möglichst spektakuläre Karriere hinzulegen, werden mit höherer Wahrscheinlichkeit egozentrische, erfolgsbesessene Menschen, deren einzige Ziele im Leben die nächste Beförderung und hohe Boni sind. Und selbst wenn sie dann später nennenswerte Beträge an philanthropische Organisationen spenden, achten sie bei der Auswahl derselben mehr auf den sozialen Statusgewinn, den ihnen ihre Wohltätigkeit einbringt, als auf die Werte, die sie durch ihre Förderung unterstützen.

Und es ist in der Tat so, dass die Handlungen hochintelligenter, aber seelenloser Technokraten und Geschäftsleute regelmäßig schlimme Folgen zeitigen. Der US-amerikanische Wirtschaftsjournalist Michael Lewis hat in Büchern wie *The Big Short* (2010) anschaulich geschildert, was geschieht, wenn jene, die angeblich Verantwortung für unsere Ersparnisse und Rentenpläne tragen, in Wirklichkeit allein von der Gier nach kurzfristigen Gewinnen getrieben werden und jedes soziale Verantwortungsgefühl vermissen lassen (und wenn etwas schiefgeht, erklären sie sich hinterher für »systemrelevant« und müssen mit Steuergeldern gerettet werden). Eine verhaltensökonomische Studie (Ariely 2013 [2012]) hat überzeugend gezeigt, dass wohlhabende Menschen mit höherer Wahrscheinlichkeit lügen und betrügen als weniger wohlhabende: Viele von ihnen glauben, sie stünden aufgrund ihres Reichtums und Erfolgs außerhalb der normalen Moral. Und sie nehmen – oft nicht ganz zu Unrecht – an, dass sie aufgrund der Macht, die ihnen der Reichtum verleiht, mit diesem Verhalten in aller Regel durchkommen werden.

Nicht zuletzt aus diesem Grund ist der Begriff »Elite« inzwischen beinahe immer negativ konnotiert. Auf der Linken wird er generell mit den Profiteuren der Globalisierung gleichgesetzt, die Reichtümer für sich selbst anhäufen und es zulassen, dass die schwächeren Schichten der Gesellschaft immer tiefer ins Elend absinken – eine Behauptung, die durch die groteske und immer noch wachsende Einkommensungleichheit in westlichen Gesellschaften, insbesondere in den USA, gut belegt ist. Die Rechten wiederum benutzen das Wort aus den oben geschilderten Gründen abfällig für liberale Intellektuelle.

Aus meiner Sicht liegen sowohl die Linken wie auch die Rechten nicht ganz falsch. Liberale Kosmopoliten haben all jene verächtlich gemacht, die anderer Meinung sind, und sie pauschal als dumm, indoktriniert und obrigkeitshörig klassifiziert. Dabei haben sie die Sympathien und Wählerstimmen ebenjener Klassen verspielt, deren Interessen sie zu vertreten vorgaben. Teile der Wirtschaftseliten (für welche die 2008 in den Bankrott geschlitterte Investmentbank Lehman Brothers zum Symbol geworden ist) wiederum haben sich die Bezeichnung als gnadenlose Profiteure ohne soziales Gewissen redlich verdient.

Eine *umfassende* Bildung ist daher nicht nur eine Notwendigkeit für die Angehörigen unterer Schichten, sondern erst recht für die neuen kosmopolitischen Eliten. Deren Entscheidungen haben schließlich Folgen für ganze Länder, manchmal sogar für die ganze Welt. Wenn sie nur ihren persönlichen Erfolg kennen und betreiben, kann das in der Tat verheerende Konsequenzen haben – und das gilt keineswegs nur im Finanzsektor. Denken wir an die Enthüllungen, denen zufolge Facebook (das um seine Umsatz- und Gewinnziele nicht gerade bangen muss) die Daten seiner Nutzer Firmen wie Cambridge Analytica überlassen hat, die damit im Auftrag politischer Parteien gezielt potenzielle Wähler umwarben. Hier erreicht die Macht multinationaler Konzerne ein Ausmaß, das es diesen nicht nur ermöglicht, auf das Leben von Millionen Menschen einzuwirken, sondern auch das weltweite politische Klima zu beeinflussen, die Ergebnisse von Wahlen zu manipulieren und damit den Lauf der Geschichte zu bestimmen. Deshalb können sie sich heute auch nicht länger auf die Behauptung zurückziehen, ihre Hauptverantwortung liege darin, ihre Aktionäre bei Laune zu halten, indem sie deren Profite maximieren.

Bill Gates hat daraus die richtigen Konsequenzen gezogen und die Hälfte seines Privatvermögens in die Bill-und-Melinda-Gates-Stiftung übertragen, die einige der weltweit drängendsten Probleme angeht, etwa die Ausbreitung von Aids in Afrika. Warren Buffett, der in den zurückliegenden fünfzig Jahren wohl regelmäßiger als jeder andere Erfolg mit Investitionen hatte, hat verlauten lassen, dass er den Großteil seines Vermögens spenden wird.

Über den Beispielen von Gates und Buffett dürfen wir jedoch keinesfalls vergessen, dass nicht wenige der reichsten Menschen der Welt einen weit zweifelhafteren Gebrauch von ihren Mitteln machen. Das gemeinsame Vermögen der oben erwähnten Koch-Brüder beläuft sich auf rund hundert Milliarden Dollar. Einen Teil davon haben sie mit Kohle gescheffelt, einer der klimaschädlichsten Energiequellen. Ihr Geld nutzen die Kochs nun unter anderem für die Bekämpfung der Theorie des menschengemachten Klimawandels, zudem unterstützen sie regelmäßig Politiker, die sich für ihre ökonomischen und politischen Interessen einsetzen. Ein weiteres Beispiel ist Sheldon Adelson, der seinen enormen Reichtum (nach einer Schätzung des Magazins *Forbes* derzeit knapp 33 Milliarden Dollar) mit Hotel-Casino-Resorts in Las Vegas erworben hat – in einer Branche also, die nicht gerade höchsten moralischen Ansprüchen genügt. Hauptquelle ihrer Profite sind Normalverdiener, die ein- oder zweimal im Jahr einen Abstecher in Spielerstädte machen und dort ihre kargen Ersparnisse durchbringen. Mit anderen Worten: Die Branche lebt von einem Verhalten, dessen Suchtcharakter hinreichend erwiesen ist. Adelson, der der Auffassung zu sein scheint, die Demokratie gehöre dem, der am meisten zu zahlen bereit ist, hat 2016 als größter Einzelspender mindestens 25 Millionen Dollar in den Wahlkampf Donald Trumps investiert und finanziert in Israel eine kostenlose Tageszeitung, deren einziger Zweck darin besteht, Benjamin Netanjahu und seine Agenda zu fördern. Es geht hier nicht darum, ob mir Adelsons rechtslastige nationalistische Ansichten gefallen (offensichtlich nicht); es geht um die enorme Machtfülle, die dem Geld innerhalb demokratischer Systeme zuwächst, während die Ideen der fairen Repräsentation und der Demokratie als Raum der Kompromissbildung untergraben werden.

## Welche Eliten unverzichtbar sind

Die typischen neuen Kosmopolitinnen, um die es in diesem Buch geht, verfügen nicht einmal über einen kleinen Bruchteil des Vermögens der Gates', Kochs oder Adelsons und damit auch nicht über die Möglichkeit, weltumspannende Projekte zu betreiben oder einem Kandidaten im Alleingang zum Wahlsieg zu verhelfen. Dennoch sind sie als global verteilte Gruppe enorm einflussreich: Unsere hyperkomplexe Welt ist auf solche Eliten angewiesen. Sämtliche Bereiche moderner Gesellschaften – von der Wasserversorgung und dem Verkehr über die Kommunikationsnetze bis hin zu Krankenhäusern – benötigen Menschen mit hoch spezialisierten Kenntnissen und herausragenden Fähigkeiten zu ihrer Planung, Gestaltung, ihrem

Bau, Betrieb und ihrer Überwachung. Moderne Gesellschaften müssen sicherstellen, dass die Geeignetsten die Jobs bekommen, die mit der größten Verantwortung einhergehen. Die oben aufgeführten Beispiele sollten jedoch gezeigt haben, dass das bloße Talent, eine Organisation zu leiten, sie profitabel und immer noch profitabler zu machen und die eigene Macht zu mehren, ganz und gar nicht das ist, was wir von unseren Eliten erhoffen und erwarten sollten. Ihre Ambitionen müssen weit über persönliche Erfolge hinausgehen, und sie sollten sich immer wieder gründlich mit der Frage auseinandersetzen, was dem Gemeinwohl der Gesellschaft und der Menschheit insgesamt dient und was nicht.

Das ist natürlich keine neue Forderung. Praktisch alle politischen Philosophen haben mit vergleichbaren Argumenten für Uneigennützigkeit und Edelmut plädiert. Dennoch war schon im alten Griechenland und in Rom bekannt, dass es Politiker gibt, die bloß clevere Redner, Manipulatoren und Machtstrategen sind – was gleichwohl den Aufstieg von Tyrannen wie Caligula und Nero nicht verhinderte, die das Imperium zum Spielzeug ihrer Launen machten und die Bürger im Kolosseum und anderswo zu ihrem Privatvergnügen opferten, anstatt sich den Kopf über das Wesen einer guten und gerechten Staatsführung zu zerbrechen.

Wir kennen die Unterschiede nur allzu gut aus der jüngeren Vergangenheit. Die freie Welt hat eine Reihe großer Visionäre wie Woodrow Wilson, Walther Rathenau, Franklin D. Roosevelt, Winston Churchill, Charles de Gaulle, Konrad Adenauer oder Willy Brandt (vielleicht wird man eines Tages auch den aktuellen französischen Präsidenten Emmanuel Macron in dieser Reihe nennen) hervorgebracht, die eine klare Vorstellung vom Gemeinwohl hatten, diese den Bürgern vermitteln konnten und über hinreichend Willensstärke verfügten, um ihre Vision auch politisch umzusetzen. Keiner von ihnen war ohne Fehl, sie alle hatten ihre Macken und lagen zuweilen bei wichtigen Entscheidungen daneben – so wie Churchill mit seiner erst 1937 revidierten positiven Einschätzung Hitlers und der stets beibehaltenen Überzeugung, Großbritannien habe das Recht und sogar die Pflicht, über ein Kolonialreich zu verfügen. Doch wer eine Bilanz des Lebens und Wirkens dieser Persönlichkeiten zieht, kommt nicht umhin einzuräumen, dass sie sich weit mehr durch moralische Integrität als durch Egozentrik auszeichneten – und das ist so ziemlich das Beste, was wir uns von Staatsmännern und -frauen wünschen können. Eine umfassende Bildung im Sinne von »liberal education« kann die Entwicklung dieser Art der Charakterfestigkeit zwar nicht unbedingt garantieren, sie leistet aber einen erheblichen Beitrag dazu.

Idealerweise sollte eine solche Bildung natürlich nicht nur den Eliten zugänglich sein, sondern allen Bürgern. Sie könnte an den weiterführenden Schulen beginnen und an den Universitäten vertieft werden. Der große politische Philosoph Leo Strauss nannte als Ziel aller liberalen Bildung die »Aristokratisierung des Geistes« – womit er sicherlich keine Form des Erbadels meinte. Strauss war Mitarbeiter der Hochschule für die Wissenschaft des Judentums in Berlin, ging dann noch vor der Machtübernahme der Nationalsozialisten nach Paris und musste schließlich aus Europa fliehen. Erst mit Ende vierzig erhielt er eine feste Professur an der University of Chicago, wo er das Denken einer Generation wichtiger Politiker und politischer Philosophen formte. Strauss hat den Aufstieg in die »Geistesaristokratie« in seinem Leben bewältigt und sich aus dem engstirnigen Milieu befreit, in das er hineingeboren worden war. Er setzte sich mit jedem Text der Philosophiegeschichte auseinander, von dem er annehmen konnte, dass er seinen Horizont erweitern würde. In der Beschäftigung mit Spinoza (über den er seine Doktorarbeit schrieb), Maimonides, al-Fārābī, Averroës und – das Zentrum seines philosophischen Universums – Platon erarbeitete er seine Vorstellung des aristokratischen Geistes, der unermüdlich um das Verständnis der großen metaphysischen, moralischen und existenziellen Fragen ringt, indem er eintaucht in das, was die hellsten Köpfe des Westens zu diesen Fragen zu sagen hatten (Strauss bat einmal um Nachsicht dafür, dass er schlicht nicht genug Zeit habe, sich ebenso ausführlich mit nichtwestlichen Philosophien zu befassen). Und das, davon war Strauss überzeugt, ist potenziell jedem möglich, der über genügend Neugier und Willensstärke verfügt, diese mühevolle Reise zu unternehmen.

## Warum sich eine moderne freiheitliche Bildung nicht auf geisteswissenschaftliche Fächer beschränken kann

Anders als noch bei Leo Strauss mit seiner Obsession für die »großen Bücher« (Bloom 1988 [1987]) kann eine sich als freiheitlich verstehende Bildung für unsere Zeit meiner Ansicht nach nicht auf geisteswissenschaftliche Inhalte beschränkt sein, auch wenn diese natürlich nach wie vor ein unverzichtbares Element bilden. Wenn man in einem westlichen Land lebt, sollte man dessen politische, kulturelle und religiöse Geschichte kennen – andernfalls kann man die eigene Kultur und damit letztlich auch sich selbst nicht verstehen. Ich vermittle diese Elemente liberaler Bildung seit Jahrzehnten in Einführungsseminaren zur Kultur- und Geistesgeschichte der westlichen Moderne. Martha Nussbaum (1997) insistiert darauf, Studierende sollten außerdem mindestens eine andere Kultur einigermaßen gründlich kennenlernen, um einerseits konkret zu erleben, dass es Standpunkte, Erfahrungsweisen und Glaubensüberzeugungen gibt, die ganz anders als ihre eignen sind, und um andererseits die geistige und emotionale Flexibilität zu erwerben, die nötig ist, wenn man unterschiedliche Perspektiven verstehen will: ebenfalls eine humanistische Fähigkeit.

Doch reichen diese Dinge allein nicht aus, um sich die notwendige staatsbürgerliche Kompetenz zu verschaffen. Einige der wichtigsten Auseinandersetzungen in westlichen Demokratien betreffen volkswirtschaftliche Themen: Ist ein uneingeschränkt freier Markt (etwas, das meines Erachtens gar nicht existiert, da ein Markt immer auf Regeln basiert – die Frage ist nur, wer sie bestimmt und wer von ihnen profitiert) das Beste für die Wirtschaft? Ist ein gewisses Maß an Umverteilung, etwa durch progressive Besteuerung, notwendig oder ratsam, um den gesellschaftlichen Zusammenhalt zu wahren? Bis zu welchem Punkt sind das rein ökonomisch zu beantwortende Fragen und ab wann erfordern sie eine Wertedebatte? Ich vermag mir nicht vorzustellen, wie sich Wähler hierzu eine begründete Meinung bilden sollen, ohne über ein Minimum an Kenntnissen der Ökonomie (also einer überwiegend quantitativen Sozialwissenschaft) sowie der Geschichte der Wirtschaftstheorien zu verfügen.

Andererseits wäre es auch gefährlich anzunehmen, dass all diese Probleme sich allein durch wissenschaftliche Hypothesenüberprüfung lösen lassen. Nur ein Beispiel: In modernen westlichen Gesellschaften verursacht die medizinische Versorgung alter Menschen gerade in ihren letzten Lebensmonaten oft sehr hohe Kosten. Damit geht das überaus schmerzhafte Dilemma einher, ob man dieses Geld nicht lieber für medizinische Prophylaxe bei jungen Menschen ausgeben sollte. Solche und viele andere Probleme umfassen immer wieder auch philosophische Aspekte wie etwa die Frage, wodurch sich eigentlich eine gute und gerechte Gesellschaftsordnung auszeichnet. In welchem Maß soll der Einzelne für sich selbst verantwortlich sein und mit seinen eigenen Ressourcen auskommen, wann sollte die Gesellschaft solidarisch sein und helfen? Soll die Armee nur der Sicherheit des eigenen Landes dienen oder auch in fremden Ländern intervenieren, um einen Völkermord oder ein anderes Verbrechen gegen die Menschlichkeit zu verhindern? Ich behaupte nicht eine Sekunde lang, dass es für solche Fragen einfache und eindeutige Lösungen gibt – allerdings behaupte ich mit Nachdruck, dass Erfahrung mit philosophischem Denken jedem Bürger Werkzeuge an die Hand geben kann, um zu einer mündigeren Einschätzung zu gelangen.

Daher glaube ich, dass es wenig konstruktiv wäre, eine moderne freiheitliche Bildung wie früher auf die geisteswissenschaftlichen Fächer zu beschränken. Das Verständnis aktueller Problemstellungen und die Fähigkeit zur Herausbildung einer wohlbegründeten Meinung (Strenger 2015) setzen daneben auch Grundkenntnisse der Sozialwissenschaften, der Mathematik und Statistik sowie der Fundamente der modernen Naturwissenschaften voraus. Es geht mit anderen Worten um das, was man einst einen nicht nur vielseitig, sondern »allseitig gebildeten Menschen« genannt hat.

## Ist umfassende Bildung ein Privileg der Eliten?

An dieser Stelle erwarte ich folgenden Einwand: »Das, was Sie hier ›umfassende Bildung‹ nennen, ergibt einen Lehrplan, der ein ganzes Bachelorstudium ausfüllen würde, ohne den Studenten auch nur die geringsten berufspraktischen Fähigkeiten zu vermitteln. Wer soll das denn bitte schön bezahlen?« Die Frage entspricht zweifellos dem Zeitgeist. Die Studierenden sind so unerbittlich darauf fixiert, einen Abschluss zu machen, der ihnen Zugang zu lukrativen Jobs verschafft, dass es die meisten kaum einsehen würden, zwei oder drei Jahre an eine liberale Bildung ohne unmittelbaren instrumentellen Wert zu vergeuden. Tatsächlich sehen wir die alarmierenden Konsequenzen dieses Mentalitätswandels schon heute: So sank der Anteil der Studierenden, die an US-Universitäten einen Abschluss in Literaturwissenschaften, Geschichte oder Philosophie erwerben, von 14 (Männer) bzw. 22 Prozent (Frauen) Mitte der sechziger Jahre auf 7,2 bzw. 7,4 Prozent zu Beginn der Finanzkrise. Seit 2007 brach er dann noch einmal dramatisch ein: auf 4,1 bzw. 4,4 Prozent 2017 (Schmidt 2018). Die höheren Bildungsinstitutionen wiederum stehen weltweit unter finanziellem Druck und sind erheblichen Sparzwängen ausgesetzt. Das staatliche Universitätssystem Kaliforniens, einst ein Vorzeigebeispiel öffentlicher Bildung, steht am Rand der Pleite, viele europäische Universitäten sind chronisch überlaufen und unterfinanziert, weshalb sie Lehrveranstaltungen immer öfter an befristet beschäftigte, unterbezahlte Dozenten delegieren.

Zufällig liegt mir das kulturelle Erbe des Westens sehr am Herzen, ich unterrichte es seit mehr als dreißig Jahren an Universitäten, die sich meiner festen Überzeugung nach weder ökonomischen Zwängen beugen noch das Ideal der *liberal education* aufgeben sollten. Mein Verständnis einer umfassenden modernen freiheitlichen Bildung gründet dabei auf der Idee des Magister Artium in den *artes liberales* (den »freien« im Gegensatz zu den »praktischen Künsten«), die im 19. und frühen 20. Jahrhundert Hauptinhalt eines jeden Grundstudiums waren. Damals besuchte nur eines winzige Minderheit der Bevölkerung westlicher Länder überhaupt eine Universität – ganz überwiegend Söhne wohlhabender Familien. Zudem tobte der Wettbewerb um den Einstieg in ein Studium erfordernde Berufe damals bei Weitem nicht so heftig wie in der Gegenwart, wo in Industrieländern bis zu vierzig Prozent eines Jahrgangs Hochschulen besuchen. Man könnte mir daher vorwerfen, mein Begriff von Bildung sei hoffnungslos *out of touch* mit der heutigen Realität – nichts als eine nostalgische Reminiszenz an das Bildungsbürgertum des 19. Jahrhunderts, das eine breite Bildung mit Schwerpunkten auf der griechischen und römischen Klassik sowie der Hochkultur der europäischen Moderne als Vorbedingung für den Zugang zu den höheren Gesellschaftsschichten ansah. Das jedoch ist, wie in Kapitel I.1 gezeigt, inzwischen tatsächlich Schnee von gestern: Niemand wird heute zum Verlassen eines Galadiners aufgefordert, weil er die Handlung von *Richard III.* oder den Text von »Wandrers Nachtlied« nicht kennt oder nicht zu sagen vermag, welche Einspielung von Richard Strauss' »Vier letzte Lieder« er für die maßgebliche hält (vgl. für eine instruktive Darstellung der Zustände in der *haute bourgeoisie* des *fin de siècle* Waugh 2009). Des Saals verwiesen wird heute höchstens noch, wer keine Theorie zu den jüngsten Entwicklungen am Finanzmarkt oder keine Meinung zu Rihannas letztem Album hat (Reckwitz 2017).

Und einen weiteren Einwand erwarte ich: »Ihr Konzept von Bildung ist schrecklich elitär. Zunächst einmal setzt es Studierende von weit überdurchschnittlicher Intelligenz voraus. Woher wollen Sie wissen, dass die bis zu vierzig Prozent eines Jahrgangs, die höhere Bildungsanstalten besuchen, überhaupt in der Lage wären, all diese Dinge zu verarbeiten? Und was wird eigentlich aus den sechzig Prozent, die es erst gar nicht an eine Hochschule schaffen? Immerhin behaupten Sie ja, dass diese Menschen besonders häufig den falschen Versprechungen der Populisten und ihren einfachen Lösungen für komplexe Probleme auf den Leim gehen.«

Das sind gewichtige Argumente. Meine Vorstellung von Bildung hat sich jedoch nicht allein in den elf Jahren herausgebildet, die ich an Universitäten studierte, um zwei höhere akademische Grade zu erwerben, bevor ich schließlich selbst begann, dort zu lehren. Sie beruht im selben Maß auf meiner Zeit im Sekundärschulsystem der Schweiz, das überaus fordernd war, aber den Schülern die Grundlagen freiheitlicher Bildung zu vermitteln vermochte. In Geschichte kamen wir vom antiken Griechenland bis zum Vietnamkrieg, in Mathematik bis zur Infinitesimalrechnung, in Physik bis zu den Grundlagen der speziellen Relativitätstheorie. Wir befassten uns mit deutscher und französischer Literatur und lernten ein überaus brauchbares Englisch, studierten aber auch die Grundlagen der Evolutionstheorie und besuchten Wahlkurse in Volkswirtschaft. Ja, die Anforderungen waren ziemlich hoch, doch als wir die Matura gemacht hatten, besaßen wir ein Maß an Kenntnissen, das junge Leute in anderen Ländern erst im Grundstudium erwerben.

Mir ist klar, dass diese Erfahrung nicht alle Einwände ausräumen kann. Tatsächlich finde ich selbst, dass die Anforderungen in mancher Hinsicht unnötig hoch waren: Gymnasiasten müssen nicht unbedingt wissen, wie man Integrale transzendenter Funktionen berechnet oder komplexe stöchiometrische Gleichungen löst. Es müsste bessere Methoden geben, mit denen man die Grundlagen der Mathematik, der Physik und der Biologie vermitteln kann, ohne die Schülerinnen mit Spezialwissen zu belasten, das die meisten im späteren Leben nie wieder brauchen werden und das mit Sicherheit keine Voraussetzung für eine mündige Beteiligung an staatsbürgerlichen Debatten ist. Das würde Raum schaffen für den ernsthaften Versuch, substanzielle Elemente einer freiheitlichen Bildung im Sekundärbereich zu verankern.

Noch deutlicher formuliert: Wenn die liberale Demokratie überleben soll, müssen wir die größtmöglichen Anstrengungen unternehmen, damit die Bevölkerungsmehrheit die Bürgertugenden und Kenntnisse erwirbt, die notwendig sind, um politischen Argumentationen folgen und ihre Stichhaltigkeit einschätzen zu können. Dafür muss man nicht über Expertenwissen auf jedem Gebiet verfügen: In unserer Zeit der Hyperspezialisierung ist das ohnehin niemandem mehr möglich – auch dem begabtesten neuen Kosmopoliten mit einem Regal voller Doktorhüte nicht. In den fortgeschrittensten Bereichen, etwa in der modernen Medizin, kann heute keine Spezialistin mehr auch nur alle benachbarten Fachgebiete überschauen. Liberale Bildung kann weder noch soll sie universelle Spezialisten (ohnehin ein Widerspruch in sich) aus uns machen, sondern Bürgerinnen, die auch an Debatten auf Gebieten teilnehmen können, die sie nicht unbedingt im Detail kennen, weil sie ein trainiertes Gespür für die Qualität und Triftigkeit von Argumenten haben.

Eine so verstandene moderne freiheitliche Bildung ist nicht die Universallösung für all unsere politischen Probleme: Es gibt kein Allheilmittel für große politische Konflikte. Ich entwerfe hier lediglich die grobe Skizze eines Curriculums umfassender Bildung auf unterschiedlichen Ebenen. Es zu einem konkreten Konzept auszugestalten und dann in einen detaillierten Lehrplan zu überführen, erfordert einige Jahre interdisziplinärer Teamarbeit. Sicherlich wird es dabei auch zu Kontroversen über die Frage kommen, welches die wichtigsten Themen sind und wie viel Zeit und Mühe für die einzelnen Fächer aufgewendet werden sollten. Wenn junge Menschen die weiterführenden Schulen mit einem höheren Maß relevanter Kenntnisse verlassen, könnten wiederum die Hochschulen und Universitäten darauf aufbauen und entsprechend erweiterte Programme für höhere Bildung mit unterschiedlichen Schwierigkeitsstufen anbieten.

All das ist möglich: Es ist allein eine Frage des politischen Willens, der Tatsache ins Auge zu blicken, dass es sich offene Gesellschaften schlicht nicht leisten können, die Idee umfassender Bildung aufzugeben, wenn sie weiterhin bestehen und funktionieren wollen. Bildung ist kein Luxusgut, sondern – genau wie eine funktionierende Gesundheitsversorgung – eine existenzielle Notwendigkeit, wenn wir den Trend zum postfaktischen Populismus stoppen wollen, der die freiheitliche Demokratie langfristig hinwegfegen könnte. Es ist eine kulturelle und eine philosophische Frage, wie viel Geld reiche Gesellschaften in die Erziehung und Bildung künftiger Generationen zu wahrhaft kompetenten Bürgern zu investieren gewillt sind.

# Epilog

## Wir müssen uns die Hände schmutzig machen

Natürlich reichen vermehrte Anstrengungen zur Verbesserung der Bildung allein nicht aus, wenn wir als liberale Kosmopoliten Einfluss auf die Politik nehmen wollen. Um unserer gesellschaftlichen Verantwortung gerecht zu werden, können wir uns nicht auf die althergebrachte Funktion des Intellektuellen beschränken, hochfliegende Ideale unter Verweis auf historische Texte zu verteidigen. Darüber hinaus müssen wir uns die Hände schmutzig machen und die Populisten auf ihrem eigenen Gebiet bekämpfen, in den Massenmedien nämlich, wo es mehr um Skandal und Drama als um detaillierte Argumente geht. Wir dürfen nicht in den rasch wachsenden Chor der Defätisten einstimmen, den etwa französische Publizisten wie Éric Zemmour und Michel Onfray repräsentieren, laut denen die westliche Kultur gescheitert und endgültig ein postfaktisches Zeitalter angebrochen ist. Wir müssen lernen, ein breites Publikum anzusprechen und die Irrationalität sowie die Lügen politischer Scharlatane wie Trump frontal anzugehen. Liberale Kosmopolitinnen, ob Akademiker, Journalistinnen oder Künstler, müssen sich aus dem Elfenbeinturm der Universitäten, Ateliers und Qualitätsmedien hinausbegeben und das Risiko eingehen, sich in den sozialen Medien und im Fernsehen mit den Populisten anzulegen, um ihre Unwahrheiten dort zu entlarven, wo sie die weiteste Verbreitung finden. Ella kann uns dafür als Vorbild dienen: Nicht nur hat sie keine Angst davor, im Fernsehen mit Diktatoren und Populisten zu debattieren, sie wird sogar von diesen gefürchtet, weil sie sich nicht mit aalglatten Ausflüchten abspeisen lässt und jeden Versuch der Verharmlosung mit eisigen Erwiderungen kontert, von denen sich ihre Gesprächspartner nur selten erholen.

Die meisten neuen Kosmopoliten weigern sich, in den Massenmedien mit Populisten in den Ring zu steigen. Mit ihren lauten Simplifizierungen seien ihre Widersacher ihnen in live ausgestrahlten TV-Debatten grundsätzlich überlegen. Da mag etwas dran sein, aber die Schlussfolgerung kann nicht lauten, sich solchen Debatten zu verweigern. Ich muss einräumen, dass ich selbst hier noch Nachholbedarf habe. Obwohl ich mich seit mehr als zwanzig Jahren in politischen Medien äußere, habe ich mich kaum einmal in publizistische Umgebungen gewagt, die meinen Überzeugungen komplett fremd gegenüberstanden. Zwar habe ich mehrmals an politischen Talkshows auf ultraorthodoxen und nationalreligiösen Kanälen teilgenommen, doch hätte ich das kaum gewagt, wenn der Moderator dieser Sendungen nicht ein guter Freund gewesen wäre, was mir die Sicherheit gab, dass man mich nicht den Wölfen zum Fraß vorwerfen würde. Als Gast in deutschen und französischen Fernsehsendungen wiederum konnte ich davon ausgehen, dass die Regeln der Auseinandersetzung meinen mitteleuropäisch geprägten Vorstellungen entsprechen würden. Ähnliches gilt für meine Tätigkeit als Kolumnist für liberale Blätter wie *Haaretz*.

Kurz gefasst: In meiner publizistischen Tätigkeit habe ich meine Komfortzone zumeist nicht verlassen, so dass ich auch kaum mit persönlichen, gar massenhaften Anfeindungen konfrontiert worden bin. E-Mails jüdischer Rechtsaußen, die die wohlmeinende Mitteilung enthielten, es sei jammerschade, dass meine Familie nicht vollständig im Holocaust ermordet wurde, weil der Menschheit so der Schrecken meiner Kolumnen erspart geblieben wäre, und Mails von antiisraelischen Linksaußen, die mich als »Zionistenschwein« beschimpften, blieben die Ausnahme. Die überwiegende Mehrzahl der Leserkommentare war zivil.

Zweifellos habe ich für die Verteidigung der offenen Gesellschaft bislang zu wenig getan – und das wenige nicht, ohne fundamentale Fehler zu begehen: indem ich etwa meine politischen Gegner heruntergeputzt habe, eine Strategie, die, wie ich oben sagte, immer auf einen selbst zurückfällt. Wir sollten nicht diejenigen attackieren, die angesichts von Entwicklungen, die ihnen Angst einjagen, die sie nicht verstehen und die sie ganz gewiss nicht steuern können, vor Furcht und Empörung beben. Wir *müssen* uns hingegen den populistischen Politikern entgegenstellen, die diese Ängste manipulieren, indem sie sie zu Verschwörungstheorien bündeln, denen zufolge genau identifizierbarere Feinde – mexikanische Immigranten, Kapitalisten, Kommunisten, Juden, der Islam, was auch immer – für alle Probleme verantwortlich sind.

Das klingt weitaus einfacher, als es tatsächlich ist. Denn besonders im Fernsehen kommt es weniger darauf an, die Tatsachen korrekt wiederzugeben, als darauf, schnell und mit rhetorischer Verve zu reagieren. Die meisten Intellektuellen neigen zu umständlichen Erläuterungen und verlieren das Publikum binnen Sekunden. Zudem sind sie an ruhige, zivilisierte Umgangsformen gewöhnt, während sich populistische Politiker die Hitzigkeit rhetorischer Schlachten meist sehr versiert zunutze machen. Deshalb enden solche Auseinandersetzungen auch nicht immer gut für die Verteidiger von Wahrheit und Rationalität. Doch wenn wir dieses Risiko scheuen, werden wir unseren politischen Verpflichtungen gegenüber der Gesellschaft nicht gerecht. Natürlich ist nicht jeder von uns dafür geschaffen, aber diejenigen, die über das entsprechende Talent verfügen, sollten sich für die Auseinandersetzung mit Populisten fortbilden, um die Mittel zu erwerben, mit denen man diese konfrontieren kann. Wir müssen Netzwerke und Unterstützergruppen aufbauen, um den emotionalen Druck aufzufangen, der im medialen Kreuzfeuer und in hitzigen Kulturkämpfen unvermeidlich aufkommt. Wir sollten uns bewusst machen, dass wir als liberale Kosmopolitinnen erheblichen Einfluss auf die Entwicklung nehmen können – und dass wir uns, wenn wir unsere Möglichkeiten nicht nutzen, nicht über Diskriminierung beklagen dürfen. Bleiben wir weiter untätig, tragen allein wir selbst die Schuld, wenn uns breite Bevölkerungsgruppen als »entkoppelte Eliten« brandmarken und vergessen, dass wir einen wichtigen Beitrag für alle leisten können.

Wir brauchen Geduld, wir brauchen Kampfgeist. Wie ich im Prolog schon sagte, schwingt das Pendel der Geschichte derzeit gegen den Liberalismus aus. Während ich dies niederschreibe, verliert die freiheitliche Demokratie ihren Appeal allem Anschein nach sogar in Ländern, die einst Grundpfeiler der liberalen Ordnung gewesen sind. An irgendeinem Punkt wird das Pendel hoffentlich wieder zurückschwingen, aber wir wissen nicht, wann das sein wird. Wenn wir liberalen Kosmopoliten nicht den Mut und das Stehvermögen aufbringen, unseren Beitrag zur Verteidigung unserer freiheitlichen Werte zu leisten und auf eine erneute Wende der Geschichte hinzuarbeiten, werden wir auf lange Zeit überhaupt nicht mehr daran arbeiten können, die Welt zu einem besseren Ort zu machen.

# Literatur

Ariely, Dan (2013 [2012]), *The Honest Truth About Dishonesty: How We Lie to Everyone – Especially Ourselves*, New York: Harper Perennial.

Armstrong, Karen (2004 [2000]), *Im Kampf um Gott. Fundamentalismus in Christentum, Judentum und Islam*, aus dem Englischen von Barbara Schaden, München: Siedler.

Atran, Scott (2002), *In Gods We Trust. The Evolutionary Landscape of Religion*, Oxford University Press, New York u.a.: Oxford University Press.

Barber, Benjamin R. (1996), *Coca-Cola und Heiliger Krieg. Wie Kapitalismus und Fundamentalismus Demokratie und Freiheit abschaffen*, aus dem Englischen von Günter Seib, Bern/München/Wien: Scherz.

Bauman, Zygmunt (2007), *Leben in der flüchtigen Moderne*, aus dem Englischen von Frank Jakubzik, Frankfurt am Main: Suhrkamp.

Beck, Ulrich/Anthony Giddens/Scott Lash (1996 [1994]), *Reflexive Modernisierung. Eine Kontroverse*, Frankfurt am Main: Suhrkamp.

Becker, Ernest (1976 [1973]), *Dynamik des Todes. Die Überwindung der Todesfurcht – Ursprung der Kultur*, aus dem Englischen von Eva Bornemann, Freiburg im Breisgau: Walter.

Ders. (1975), *Escape from Evil*, New York: Free Press.

Berlin, Isaiah (1996), *The Sense of Reality: Studies in Ideas and Their History*, New York: Farrar, Straus and Giroux.

Bloom, Allan (1988 [1987]), *Der Niedergang des amerikanischen Geistes. Ein Plädoyer für die Erneuerung der westlichen Kultur*, aus dem Englischen von Richard Giese, Hamburg: Hoffmann und Campe.

Bourdieu, Pierre, (1982 [1979]), *Die feinen Unterschiede. Kritik der gesellschaftlichen Urteilskraft*, aus dem Französischen von Achim Russer und Bernd Schwibs, Frankfurt am Main: Suhrkamp.

Brooks, David (2018), »The strange failure of the educated elite«, in: *The New York Times* (28. Mai), online verfügbar unter: {https://www.nyti mes.com/2018/05/28/opinion/failure-educated-elite.html?module=in line} (Stand Januar 2019).

Castells, Manuel (2001 [1996-1998]), *Das Informationszeitalter. Wirtschaft, Gesellschaft, Kultur*, 3 Bde., aus dem Englischen von Reinhard Kößler, Opladen: Leske und Budrich.

Cole, Jonathan R. (2010), *The Great American University. Its Rise to Preemi-*

nence. *Its Indispensable National Role. Why It Must Be Protected.* Washington, D. C.: Public Affairs.

Conley, Dalton (2009), *Elsewhere, U. S. A. How We Got from the Company Man, Family Dinners, and the Affluent Society to the Home Office, Blackberry Moms, and Economic Anxiety*, New York: Pantheon.

Dennett, Daniel C. (2008 [2006]), *Den Bann brechen. Religion als natürliches Phänomen*, aus dem Englischen von Frank Born, Frankfurt am Main: Insel.

Eliade, Mircea (1984 [1947]), *Das Heilige und das Profane*, von Eva Moldenhauer revidierte Fassung der ursprünglichen deutschen Übersetzung, Frankfurt am Main: Insel.

Florida, Richard (2002), *The Rise of the Creative Class*, New York: Basic Books.

Friedman, Thomas L. (1999), *Globalisierung verstehen. Zwischen Marktplatz und Weltmarkt*, aus dem Englischen von Helmut Dierlamm, Norbert Juraschitz und Thomas Pfeiffer, Berlin: Ullstein.

Fukuyama, Francis (2019), *Identität. Wie der Verlust der Würde unsere Demokratie gefährdet*, aus dem Englischen von Bernd Rullkötter, Hamburg: Hoffmann und Campe.

Der. (2006), *Scheitert Amerika? Supermacht am Scheideweg*, Berlin: Propyläen.

Ders. (1992), *Das Ende der Geschichte*, aus dem Englischen von Helmut Dierlamm, Ute Mihr und Karlheinz Dürr, München: Kindler.

Ders. (1989), »Das Ende der Geschichte?«, in: *Europäische Rundschau* 17/4, S. 3-25.

Gay, Peter (1966/69), *The Enlightenment. An Interpretation*, 2 Bde., New York: Knopf.

Gergen, Kenneth J. (1996 [1991]), *Das übersättigte Selbst. Identitätsprobleme im heutigen Leben*, Heidelberg: Carl Auer.

Giddens, Anthony (1992), *The Transformation of Intimacy. Sexuality, Love and Eroticism in Modern Societies*, Cambridge: Polity.

Gonzalez-Barrera, Ana (2015), »More Mexicans leaving than coming to the U. S.« (19. November), online verfügbar unter: {http://www.pewhispanic.org/2015/11/19/more-mexicans-leaving-than-coming-to-the-u-s/} (Stand Januar 2019).

Goodhart, David (2017a), *The Road to Somewhere. The Populist Revolt and the Future of Politics*, London: Hurst & Company.

Ders. (2017b), »How I left my liberal London tribe«, in: *Financial Times* (17. März), online verfügbar unter: {https://www.ft.com/content/39a0867a-0974-11e7-ac5a-903b21361b43} (Stand Januar 2019).

Ders. (2004), »Too diverse? Is Britain becoming too diverse to sustain the mutual obligations behind a good society and the welfare state?«, in: *Prospect* (Februar), online verfügbar unter: {https://www.prospectmagazine.co.uk/magazine/too-diverse-david-goodhart-multiculturalism-britain-immigration-globalisation} (Stand Januar 2019).

Greenberg, Jeff/Sander L. Koole/Tom Pyszczynski (Hg.) (2004), *Handbook of Existential Psychology*, New York: Guilford Press.

Hochschild, Arlie Russell (2017), *Fremd in ihrem Land. Eine Reise ins Herz der amerikanischen Rechten*, aus dem Englischen von Ulrike Bischoff, Frankfurt am Main/New York: Campus.

Holusha, John (2006), »Huge profit at Goldman brings big bonuses«, in: *The New York Times* (12. Dezember), online verfügbar unter: {https://www.nytimes.com/2006/12/12/business/12cnd-earn.html} (Stand Januar 2019).

Huntington, Samuel P. (1996), *Kampf der Kulturen. Die Neugestaltung der Weltpolitik im 21. Jahrhundert*, aus dem Englischen von Holger Fliessbach, München/Wien: Europa.

Illouz, Eva (2011), *Warum Liebe weh tut. Eine soziologische Erklärung*, aus dem Englischen von Michael Adrian, Berlin: Suhrkamp.

Inglehart Ronald/Pippa Norris (2016), »Trump, Brexit, and the rise of populism. Economic have-nots and cultural backlash« (29. Juli), HKS Working Paper RWP16-026, online verfügbar unter: {https://papers.ssrn.com/sol3/papers.cfm?abstract_id=2818659} (Stand Januar 2019).

Israel, Jonathan I. (2001), *Radical Enlightenment: Philosophy and the Making of Modernity, 1650-1750*, Oxford: Oxford University Press.

Kessler, Glenn/Salvador Rizzo/Meg Kelly, »President Trump has made 6,420 false or misleading claims over 649 days«, in: *The Washington Post* (2. November 2018), online verfügbar unter: {https://www.washingtonpost.com/politics/2018/11/02/president-trump-has-made-false-or-misleading-claims-over-days/?noredirect=on&utm_term=.52b8d255e982} (Stand Dezember 2018).

Ders., »Anatomy of a Trump rally: 70 percent of claims are false, misleading or lacking evidence«, in: *The Washington Post* (12. September 2018), on-

line verfügbar unter: {https://www.washingtonpost.com/politics/2018/
09/12/anatomy-trump-rally-percent-claims-are-false-misleading-or-lak
king-evidence/?utm_term=.80f9dcc8c99d} (Stand Dezember 2018)

Krastev, Ivan, *Europadämmerung. Ein Essay*, aus dem Englischen von Michael Bischoff, Berlin: Suhrkamp 2017.

Lasch, Christopher (1995a [1994]), *Die blinde Elite. Macht ohne Verantwortung*, aus dem Englischen von Olga Rinne, Hamburg: Hoffmann und
Campe.

Ders. (1995b [1979]), *Das Zeitalter des Narzißmus*, aus dem Englischen von
Gerhard Burmundt, Hamburg: Hoffmann und Campe.

Ders. (1985), *The Minimal Self. Psychic Survival in Trouble Times*, London/
New York: Knopf.

Levitsky, Steven/Daniel Ziblatt, *Wie Demokratien sterben. Und was wir dagegen tun können*, aus dem Englischen von Klaus-Dieter Schmidt,
München: DVA.

Lewis, Michael (2010), *The Big Short. Wie eine Handvoll Trader die Welt ver-
zockte*, Frankfurt am Main: Campus.

Lilla, Mark (2017), *The Once and Future Liberal. After Identity Politics*, New
York: Harper.

Luce, Edward (2017), *The Retreat of Western Liberalism*, London: Little,
Brown.

Mill, John Stuart (2009 [1859]), *Über die Freiheit*, herausgegeben von Bernd
Gräfrath, aus dem Englischen von Bruno Lemke, Stuttgart: Reclam.

Miller, William I. (1995), »Upward contempt«, in: *Political Theory* 23/3
(August 1995), S. 476-499.

Mounk, Yascha (2018), *Der Zerfall der Demokratie. Wie der Populismus den
Rechtsstaat bedroht*, aus dem Englischen von Bernhard Jendricke, München: Droemer.

Moyn, Samuel (2010), *The Last Utopia. Human Rights in History*, Cambridge, MA: Harvard University Press.

Nussbaum, Martha (1997), *Cultivating Humanity. A Classical Defense of
Reform in Liberal Education*, Cambridge, MA: Harvard University Press.

Popper, Karl Raimund (2003 [1945]), *Die offene Gesellschaft und ihre Feinde*, 2 Bde., herausgegeben von Hubert Kiesewetter, Tübingen: Mohr Sie-
beck.

Reckwitz, Andreas (2017), *Die Gesellschaft der Singularitäten. Zum Strukturwandel der Moderne*, Berlin: Suhrkamp 2017.

Reich, Robert B. (2005), »The new rich-rich gap«, in: *American Prospect* (12. Dezember), online verfügbar unter: {https://prospect.org/article/new-rich-rich-gap} (Stand Januar 2019).

Ders. (1993 [1991]), *Die neue Weltwirtschaft. Das Ende der nationalen Ökonomie*, Frankfurt am Main/Berlin: Ullstein.

Roy, Olivier (2010 [2008]), *Heilige Einfalt. Über die politischen Gefahren entwurzelter Religionen*, aus dem Französischen von Ursel Schäfer, München: Siedler.

Runciman, David (2018), *How Democracy Ends*, New York: Profile Books.

Sassen, Saskia (1991), *The Global City: New York, London, Tokyo*, Princeton: Princeton University Press.

Schmidt, Benjamin (2018), »The humanities are in crisis«, in: *The Atlantic* (23. August), online verfügbar unter: {https://www.theatlantic.com/ideas/archive/2018/08/the-humanities-face-a-crisisof-confidence/567565/} (Stand Januar 2019).

Snyder, Timothy (2018), *Der Weg in die Unfreiheit. Russland, Europa, Amerika*, aus dem Englischen von Ulla Höber und Werner Roller, München: Beck.

Sternhell, Zeev (1999 [1994]), *Die Entstehung der faschistischen Ideologie. Von Sorel zu Mussolini*, Hamburg: Hamburger Edition.

Strenger, Carlo (2017), *Abenteuer Freiheit. Ein Wegweiser für unsichere Zeiten*, Berlin: Suhrkamp.

Ders. (2016 [2011]), *Die Angst vor der Bedeutungslosigkeit. Das Leben in der globalisierten Welt sinnvoll gestalten*, aus dem Englischen von Irmela Köstlin, Gießen: Psychosozial-Verlag.

Ders. (2015), *Zivilisierte Verachtung. Eine Anleitung zur Verteidigung unserer Freiheit*, Berlin: Suhrkamp.

Ders. (1998), *Individuality, the Impossible Project: Psychoanalysis and Self-Creation*, Madison: International Universities Press.

Sullivan, Andrew (2006), *The Conservative Soul. Fundamentalism, Freedom, and the Future of the Right*, New York: HarperCollins.

Sunstein, Cass (2017), *#Republic. Divided Democracy in the Age of Social Media*: Princeton: Princeton University Press.

Ders. (2001), *Echo Chambers. Bush v. Gore, Impeachment, and Beyond*, Princeton: Princeton University Press.

Tocqueville, Alexis de, *Über die Demokratie in Amerika* (1986 [1835/40]), Stuttgart: Reclam.

Vardi, Nathan (2018), »The 25 highest-earning hedge fund managers and traders«, in: *Forbes* (17. April), online verfügbar unter: {https://www.for bes.com/sites/nathanvardi/2018/04/17/the-25-highest-earning-hedge-fund-managers-and-traders-3/#72e643163596} (Stand Januar 2019).

Waugh, Alexander (2009), *Das Haus Wittgenstein. Geschichte einer unge-wöhnlichen Familie*, aus dem Englischen von Susanne Röckel, Frankfurt am Main: Fischer.

**Carlo Strenger**
Zivilisierte Verachtung
Eine Anleitung zur Vertei-
digung unserer Freiheit
104 Seiten
€ 10,00 [D] / € 10,30 [A]
ISBN 978-3-518-07441-1
Auch als eBook erhältlich

Ein Vierteljahrhundert nach dem Mauerfall ist klar, dass das
Ende der Geschichte weiterhin auf sich warten lässt. Stattdessen wirft ein anderes Ereignis aus dem Jahr 1989 lange Schatten: 26 Jahre nach der Fatwa gegen Salman Rushdie stellt uns
der Anschlag auf das Satiremagazin *Charlie Hebdo* einmal
mehr vor die Frage, wie der Westen selbstbewusst für seine
Werte eintreten kann – ob nun gegen Fundamentalisten, Populisten oder die antiwestliche Rhetorik eines Wladimir Pu-
tin. In dieser Situation plädiert Carlo Strenger für eine Haltung der zivilisierten Verachtung, mit der das aufklärerische
Toleranzprinzip wieder vom Kopf auf die Füße gestellt wird:
Anstatt jede Glaubens- und Lebensform diskursiv mit Samt-
handschuhen anzufassen, müssen wir uns daran erinnern,
dass nichts und niemand gegen wohlbegründete Kritik gefeit
sein darf.

»Ein schöner, leidenschaftlicher Essay.«
*Gustav Seibt, Süddeutsche Zeitung*

**Carlo Strenger**
Abenteuer Freiheit
Ein Wegweiser für unsichere
Zeiten
122 Seiten
€ 14,00 [D] / € 14,40 [A]
ISBN 978-3-518-07144-1
Auch als eBook erhältlich

Nachdem Carlo Strenger in *Zivilisierte Verachtung* gezeigt hat, weshalb es westlichen Gesellschaften heute oft schwerfällt, ihre Werte selbstbewusst zu verteidigen, wendet er sich in seinem neuen Buch der individuellen Seite dieser Verunsicherung zu: Warum leiden so viele Menschen unter Depressionen und einer erdrückenden Angst vor dem Scheitern? Warum boomen Heilslehren, die uns den Weg zum wahren Selbst weisen wollen?

All das hat laut Strenger damit zu tun, dass es sich bei der Idee, es gäbe so etwas wie ein Grundrecht auf müheloses Glück, um einen Mythos handelt. Ausgehend von Denkern wie Spinoza, Nietzsche und Freud legt er dar, dass lange die Überzeugung vorherrschte, Konflikte und Scheitern gehörten zur menschlichen Natur. Daher, so schließt er aus den Biografien von Künstlern wie Egon Schiele oder Francis Ford Coppola, müssen wir wieder lernen, dass Freiheit ein lebenslanges Abenteuer ist: riskant, aber zugleich viel interessanter, als uns die Massenkultur heute weismachen will.